# Mein virtueller Märchenprinz

AF177459

## Moderner Heiratsschwindel im Internet

© 2019 Susanne Köllner
Erste Auflage

Autor: Susanne Köllner
Umschlaggestaltung, Illustration: Susanne Köllner
Lektorat, Korrektorat: Wiebke Westhoff

Verlag & Druck: tredition GmbH, Halenreie 40-44, 22359
Hamburg
978-3-7497-6997-1 (Paperback)
978-3-7497-6998-8 (Hardcover)
978-3-7497-6999-5 (e-Book)

Bibliografische Information der Deutschen Nationalbibliothek:
Die Deutsche Nationalbibliothek verzeichnet diese Publikation
in der Deutschen Nationalbibliografie; detaillierte bibliografische
Daten sind im Internet über http://dnb.d-nb.de abrufbar.

# Inhaltsverzeichnis:

# Vorwort

Ja, auch ich bin reingefallen. Scheinbar gefangen in einer langjährigen Beziehung, in der vieles vertraut, aber auch vieles zu vertraut war, fragte ich mich in einem gewissen Alter, ob da vielleicht noch etwas kommen müsse.

Ich bin Susanne, 58 Jahre alt, mit gutem Job im Öffentlichen Dienst. Eine Tochter, ein Enkelkind. Gediegene Eigentumswohnung, Auto. Ich hatte eigentlich alles, was Frau so braucht, nur eines nicht, das Abenteuer.

Mehr oder weniger erfolgreich habe ich die Schule nach der 11. Klasse verlassen, um eine Ausbildung zu beginnen. Ein Jahr später starb meine Mutter, da war ich 18 Jahre alt. Von diesem Zeitpunkt an ließ ich mich durch's Leben treiben, immer auf der Suche nach jemandem, der mich wirklich liebte. Ein Wunder, dass ich meine Ausbildung erfolgreich abschließen konnte.

Ich ließ nichts aus. Das Leben auf der Überholspur gefiel mir, machte es mich doch zu etwas Besonderem. Wie wenig besonders ich tatsächlich war, fiel mir überhaupt nicht auf. Ich weigerte mich konsequent, erwachsen zu werden. Ließ keine Gelegenheit aus, Neues auszuprobieren, unterwegs zu sein, um nicht zur Ruhe und zum Nachdenken zu kommen. Mit 27 wurde ich ungewollt schwanger. Der Vater meiner Tochter, nennen wir ihn Andreas, verließ mich bereits im 3. Schwangerschaftsmonat und das war eine der härtesten Zeiten meines Lebens. Ich zog mit Freunden in eine WG, um nicht ständig alleine sein zu müssen. Andreas lebte damals in einer Kleinstadt in Bayern und nahm immer wieder Kontakt zu mir auf, so dass ich eigentlich nie die Chance hatte, das Geschehene tatsächlich zu verarbeiten und mich stattdessen in einem ständigen Wechselbad der Gefühle befand. Er lud mich nach Bayern ein, um noch einmal über alles zu reden und ich schöpfte erneut Hoffnung. Dort angekommen, wurde diese Hoffnung jedoch jäh zerstört, als er mir seine neue Familie präsentierte.

Ich bin noch am selben Abend wieder abgereist und habe seitdem keinen Kontakt mehr zu ihm. Auf die Unterhaltszahlungen habe ich verzichtet, weil ich von ihm nichts mehr annehmen wollte, auch nicht sein Geld.

Was aus ihm geworden ist, weiß ich nicht, aber es interessiert mich auch überhaupt nicht.

Damals jedoch zerbrach meine gesamte kleine Welt in winzige Einzelteile und ich wusste wirklich nicht, wie und ob ich sie jemals wieder zu einem Ganzen zusammenfügen könne.

Aber ich war wild entschlossen, diesem kleinen Wesen, das in mir heranwuchs eine gute Mutter zu sein.

Wie in so vielen Situationen heilte die Zeit auch diese Wunden. Und als das kleine

Wunder zur Welt kam, war ich der glücklichste Mensch auf Erden.

Meine Tochter ist mein Ein und Alles. Auch heute noch, nach 30 Jahren. Sie ist das Beste, was mir im Leben passiert ist und ich liebe sie über alles.

Mit ihr zusammen wurde ich erwachsen, obwohl unser Leben sicherlich unkonventioneller verlief, als bei vielen anderen Familien. Daran hat sich auch bis heute nichts verändert.

Im Alter von 56 Jahren erkrankte ich schwer und war nur noch teilweise arbeitsfähig. Eine Tatsache, die für mich kaum zu akzeptieren war. Zwischenzeitlich zur Führungskraft aufgestiegen, war meine Arbeit zum Lebensinhalt geworden, ich lebte für meinen Job.

Das sollte nun vorbei sein? Wofür taugte ich eigentlich noch? Meine Selbstzweifel waren sehr groß und ich wollte mich nicht damit abfinden, quasi dem alten Eisen zugeschrieben zu werden. Erst die körperlichen Veränderungen der Wechseljahre, massive Schlafstörungen, Gewichtsprobleme und nun auch noch das.

Schwer zu ertragen.

Dies sind nur ein paar der Stationen in meinem Leben, die mich so haben werden lassen, wie ich heute bin.

Vielleicht kann das zur Erklärung beitragen, warum ich fremden Menschen gegenüber nicht nur ein gesundes, sondern ein hohes Maß an Misstrauen entgegenbringe. Manchmal nervt mich das selbst, aber für diesen Fall war es tatsächlich essentiell.

Um mich auf den Boden der Tatsachen zurückzubringen und ein wenig zur Ruhe zu kommen, begann ich vor einigen Jahren, zu meditieren. Bei einem entsprechenden Kurs wurde uns, das sind meine Schwester Wally und ich, eine Online-Plattform empfohlen, auf der ich etwa zwei Jahre lang meditierte, ohne großartige Vorkommnisse.

Wenn man sich regelmäßig auf einer Seite für Meditationen bewegt und das noch über mehrere Jahre, erwartet man ausschließlich Gleichgesinnte. Dort in Bedrängnis zu geraten, liegt außerhalb jeglicher Vorstellungskraft.

Das Portal funktioniert in der Weise, das sich die Meditierenden untereinander vernetzen, und zwar mit Gleichgesinnten aus aller Welt. Dies wurde in der Vergangenheit nie von irgendjemandem für schräge Dinge ausgenutzt. Ich fühlte mich also dort gut aufgehoben und sicher.

Seit einigen Wochen jedoch wird auch diese Plattform von etwas merkwürdigeren Männern heimgesucht.

Typen, die zwar wenig bis gar keine Meditationen absolvieren, dafür aber jede Menge weiblicher Freunde um sich scharen.

Wenn man arglos ist und nicht genau hinschaut, fällt das überhaupt nicht auf.

Nach etwa zwei Jahren regelmäßiger Nutzung der App erreichte mich erstmals eine Nachricht aus Amerika. Aber ich möchte nicht vorgreifen.

Dieses Buch ist ein authentischer und absolut ehrlicher Bericht über meinen Kontakt mit einem Romance Scammer, einer Art von modernem Heiratsschwindler.

Alles, was ich niedergeschrieben habe, habe ich selbst erlebt. Ich habe weder etwas weggelassen, noch etwas hinzugefügt. Und vor allem, ich habe nichts beschönigt.

Aus Gründen einer möglichen Verletzung von Persönlichkeitsrechten habe ich allerdings die Namen verändert und E-Mails beziehungsweise Chat-Nachrichten so frei wie möglich übersetzt. Ich habe ausschließlich die Worte verändert, nicht den Sinn.

Das letzte, was ich jetzt gebrauchen kann, ist eine Schadensersatzforderung aus Amerika, weil ich irgendwo irgendwas zu ändern vergessen habe.

Warum lasse ich andere an meinen Erfahrungen teilhaben? Nun ich bin Gott sei Dank relativ schnell darauf gekommen, dass mit meinem Verehrer etwas nicht stimmt. Keinerlei Spuren in sozialen Netzwerken, kein Facebook, kein Instagram, nichts.

Mit einem angeborenen Misstrauen habe ich nach dieser Person das gesamte Netz durchsucht, ohne jedoch auch nur eine einzige Spur zu finden. Durch meine Recherche weiß ich, dass nicht jede Frau diese Vorsicht im Netz walten lässt... leider.

Aber in diesem Fall half sie mir auch nicht wirklich weiter.

Es schien so, als würde dieser Mann gar nicht existieren.

Wie nah ich der Wahrheit damit kam, konnte ich zu dem Zeitpunkt noch gar nicht ermessen.

Woran liegt es, dass man auf dem Auge plötzlich blind ist?

Sind es die gesellschaftlichen Veränderungen, die Tatsache, dass Menschen, insbesondere

alleinlebende Frauen zunehmend vereinsamen, was sie regelrecht in die Arme von Internetbetrügern treibt?

Und wenn es dann passiert, schweigen die meisten dann nicht aus Scham? Scham darüber, Opfer geworden zu sein. Scham darüber, nicht von seinem Lover lassen zu können, auch wenn man eigentlich weiß, dass diesen nur das schnelle Geld interessiert?

Es hat schon auch mit Sucht zu tun: Sucht nach Aufmerksamkeit, Sucht nach Anerkennung, Sucht nach Liebe.

Für all diejenigen habe ich dieses Buch geschrieben, ihnen widme ich dieses Buch.

Denn es gibt ein Entkommen aus der raffiniert ausgeworfenen und emotional überaus wirkungsvollen Falle.

Ich habe es selbst erlebt.

Alles was ich niedergeschrieben habe ist die Wahrheit.

Vielleicht erkennt sich die eine oder andere in mir wieder.

Herzlichst,

Susanne Köllner

## Ich danke

meiner Schwester, die in dieser Zeit immer an meiner Seite war und das Korrekturlesen übernommen hat. Außerdem danke ich meinem Lebensgefährten, dass er es schon so lange mit

mir aushält und mir vertraut hat, indem er diese Zeit ohne Eifersuchtsanfälle durchstand.

Ich danke auch Mark, der nach anfänglichem Misstrauen heute an meiner Seite steht und mich unterstützt, wo er kann.

Eigentlich müsste ich auch Sebastian danken. Er hat mich schließlich auf die Idee gebracht, alles aufzuschreiben.

Aber das lasse ich lieber...

## Ich widme

dieses Buch ausdrücklich all den Frauen, die bereits auf einen Scammer hereingefallen sind oder gerade im Begriff sind, dies zu tun. Ich hoffe, dieses Buch kommt für euch noch rechtzeitig, bevor ihr euch möglicherweise finanziell und emotional komplett ruiniert.

# Erstes Kapitel:

## Was ist das eigentlich, ein Romance Scammer?

In Zeiten des Internets ist es so einfach geworden, mit Menschen aus aller Welt in Kontakt zu treten, sich auszutauschen und sich vielleicht sogar zu verlieben.

Aber wie jede Medaille zwei Seiten hat, ist auch diese Marktlücke von kriminellen Einzeltätern oder Tätergruppen erkannt worden. Der gute alte Heiratsschwindler hat ausgedient, in der Anonymität des World Wide Web ist es ein Leichtes, sich zu verstecken, Fotos zu kopieren oder zu fälschen und ohne Rot zu werden andere Menschen nach allen Regeln der Kunst um ihr Hab und Gut zu bringen.

Heute sind es die so genannten Romance Scammer, die versuchen, gerade denen das Geld aus der Tasche zu ziehen, die auf der Suche nach Nähe, Geborgenheit und wahrer Liebe sind. Einsame Menschen, die meist ohne Argwohn glauben, was der Scammer ihm vorlügt, ohne zu hinterfragen, ohne zu prüfen. Schließlich schaut der Mann oder die Frau auf dem Foto so sympathisch aus.

Der Begriff „Romance Scamming" stammt aus dem Englischen und stellt eine Form von Internetbetrug dar, bei welchem, meistens Männer, über soziale Netzwerke und Dating-Seiten mit gefälschten Profilen agieren und Verliebtheit bis hin zur großen Liebe vorgaukeln. Das einzige Ziel ist jedoch, den Opfern das Geld aus der Tasche zu ziehen. Es existieren auch weibliche Scammer, aber der männliche Teil überwiegt deutlich. Einigen wenigen geht es beim Scamming vordergründlich nicht um finanzielle Vorteile, sondern einzig darum, Frauen in ihren Bann zu ziehen, gefügig und emotional abhängig zu machen. Dieser ganz besonderen Spezies habe ich ein spezielles Kapitel gewidmet, da ich diese Form von Ausbeutung fast noch für perfider halte, als wenn es „nur" um Geld geht.

Wie hoch der Anteil der Betrogenen in Deutschland tatsächlich ist, kann nur geschätzt werden, da viele Opfer sich aus Scham nicht an die Polizei wenden. So leben Scammer in der relativen Sicherheit, nicht zur Verantwortung gezogen zu werden. Was sie bei den Opfern hinterlassen, sei es finanziell oder emotional, spielt dabei keine Rolle und ist dem Betrüger vollkommen egal.

Häufig agieren Scammer von Ghana oder Nigeria aus, Einzeltäter kommen teilweise aus den USA.

Die Kontaktaufnahme erfolgt vorsichtig und subtil. Zunächst versucht er, möglichst viel an privaten Informationen in Erfahrung zu bringen, bevor er, individuell auf das jeweilige Opfer zugeschnitten, seine Flirtattacke beginnt.

Es wird nach Familie gefragt, aber auch der Job und das Alter spielen eine Rolle, um einschätzen zu können, ob die Zielperson an einem Onlinekontakt überhaupt interessiert sein könnte, beziehungsweise mit welchen positiven Attributen der virtuelle Lover ausgestattet sein muss, damit das Opfer auch tatsächlich in die Falle geht. Nichts wird dem Zufall überlassen, alles ist strategisch geplant. Ich könnte mir gut vorstellen, dass der Scammer eine Liste führt, auf der er nach und nach abhakt, was er bereits „erledigt" hat. Auf Dating-Seiten werden relativ wenig Fragen gestellt, da wird nach einem Partner gesucht. Aber auch andere Portale, Soziale Netzwerke oder einfach nur Gemeinschaften werden mittlerweile von unseriösen Anfragen überschwemmt.

Ist der Kontakt erst einmal hergestellt und sind die ersten Nachrichten ausgetauscht, überhäuft der Scammer sein potentielles Opfer mit Liebesbekundungen und Aufmerksamkeiten. Der Altersunterschied spielt keinerlei Rolle. Er beteuert, auf das Alter überhaupt keinen Wert zu legen, entscheidend sei vielmehr, dass man einen guten Charakter habe und sich gut verstehe.

Nachdem der Scammer sich sicher sein kann, einen fetten Fisch an Land gezogen zu haben, wird ihm ein Unglück widerfahren, zumindest in 99% der Fälle. Entweder gerät er auf einer Geschäftsreise unverschuldet in Geldnot und bittet um Hilfe oder ein Familienmitglied ist schwer erkrankt ist und muss dringend behandelt werden, da es in Lebensgefahr ist. Egal, welcher Umstand auch eintreten mag, es wird ein enormer emotionaler Druck aufgebaut, dem viele Frauen, sind sie erst einmal verliebt, kaum Stand haltenkönnen. Zum Beweis dieser Lebensumstände werden teilweise sogar Komplizen eingeschaltet, um diese Angaben zu bestätigen. Das Opfer gerät durch permanente Nachrichten, wie schlecht es tatsächlich um das Objekt der Begierde steht, unter Stress. Es will sich nicht kleinlich zeigen, immerhin geht es vermeintlich um ein glückliches gemeinsames Leben. Der permanente Aufbau von Druck zielt unmittelbar ins Schwarze und das Opfer hat nichts mehr entgegenzusetzen ... es zahlt. Häufig sind es zu Beginn der Beziehung nur kleinere Beträge, die nicht allzu sehr ins Gewicht fallen. Damit lotet der Scammer aber nur die grundsätzliche Bereitschaft zur Zahlung aus. Mit der Zeit werden die Geschichten abstruser und die Forderungen höher. Dessen kann man sich sicher sein, wenn man den ersten Geldtransfer getätigt hat. Nachdem nämlich diese Hemmschwelle gefallen ist, werden auch die letzten Bedenken kurzerhand beiseite geschoben.

Der Erfindungsreichtum des Scammers ist groß, manchmal erbittet er zu Beginn kleinere Geschenke, zum Beweis dieser wirklich großen Liebe, die so einzigartig ist, dass man sie nur einmal im Leben erleben wird. Leider bleibt es aber meistens nicht dabei. Allen Scammern ist eins gemeinsam: die Gier nach dem schnell verdienten Geld. Das Opfer sitzt wie ein Insekt im Spinnennetz und wird nach allen Regeln der Kunst umgarnt, bis es süchtig ist, süchtig nach den Liebesschwüren sowie der scheinbar ungeteilten Aufmerksamkeit. Erst dann hat der Scammer freie Bahn und er wird sein Opfer emotional aussaugen. Er weiß, die Angst, ihn in irgendeiner Weise zu erzürnen oder gar zu verlieren, ist groß. Daher zieht er sich von Zeit zu Zeit beleidigt in seine Schmollecke zurück, um zu verdeutlichen, was passiert, wenn man nicht spurt.

Alles Taktik, um die Kuh weiter melken zu können. Er weiß genau, dass die Angst vorm Verlassenwerden und der großen Leere inklusive schwerem Liebeskummer zu groß ist.

Diese Muster hat er in lockeren Gesprächen vorher geprüft und spielt Karte für Karte sorgsam aus.

Der Scammer verliert selten Zeit. Die hat er auch nicht, aus Furcht, dass das Opfer ihm doch noch auf die Schliche kommen könnte. Bei allem psychologischen Talent: er hat keine Lust, sich länger als nötig mit seinen Opfern zu beschäftigen. Nach einem kurzen Geplänkel schlägt er schnell vor, auf ein Chatprogramm wie Hangouts oder Whatsapp zu wechseln, was die Opfer in 90% der Fälle auch tun. Dass man es mit einem Kriminellen zu tun hat, ist weit außerhalb jeglicher Vorstellungskraft. Völlig arglos und mit einem viel zu großen Vorschussvertrauen hängt das Opfer bereits zu dem Zeitpunkt am Angelhaken des Scammers. Nun muss er die Beute nur noch einholen. Und das wird er mit allen Kräften versuchen, fast immer mit Erfolg.

Wie hoch der finanzielle Schaden in Deutschland ist, ist bislang nicht dokumentiert. In den USA spricht man von knapp 51 Millionen Dollar pro Jahr. Großbritannien meldet etwa 200.000 Opfer, die Dunkelziffer dürfte diese Zahlen jedoch um ein Vielfaches überschreiten. Diese Dimension zeigt deutlich auf, dass sich Romance Scamming zu einem wahnsinnig lukrativen Markt entwickelt hat. Leicht verdientes Geld, schließlich muss man nur ein wenig charmant und eloquent sein und man kann am Ende ordentlich abkassieren. Ich halte eine entsprechende Aufklärung für unbedingt notwendig, um potentielle Opfer deutlich vor der Gefahr zu warnen. Darüber hinaus ist es derzeit sehr auffällig, dass das Scamming in Deutschland absolut in Mode zu geraten droht. Der finanzielle

Schaden ist erheblich und nicht selten treiben sich die Opfer selbst in den Ruin. Trotzdem können sie von ihrem Lover nicht lassen, komme was da wolle.

## Zweites Kapitel:

## Manchmal geht es nicht um Geld, sondern um Macht

Ich hatte eingangs schon angekündigt, einer besonderen Spezies von Romance Scammern ein eigenes Kapitel zu widmen. Ich setze dies an den Anfang, weil es eine besonders perfide Masche darstellt, wehrlose Menschen zur Befriedigung eigener Bedürfnisse zu missbrauchen.

Es geht beim Scamming nämlich nicht immer nur um Geld. Selbst wenn eine entsprechende Forderung ausbleibt, heißt das noch lange nicht, es mit einem realen, ehrlichen Menschen zu tun zu haben.

Die Kontaktaufnahme verläuft in der Regel exakt so, wie ich es in den nächsten Kapiteln aus eigener Erfahrung beschrieben habe, nur dass der Scammer in diesem Fall nicht am Geld seiner Opfer interessiert ist.

Ihn interessiert einzig und allein die Macht, Menschen zu manipulieren und wie eine

Schachfigur auf seinem Spielfeld ganz nach Belieben hin- und herzuschieben.

Hier wird massiv mit den Gefühlen von Menschen jongliert, die an sich nur eins wollen: Liebe und Geborgenheit.

Diese Scammer schicken ihre Opfer durch ein wahres Wechselbad von Gefühlen. Sie schmeicheln sich ein, um sich im nächsten Moment scheinbar ohne Grund wieder zurückzuziehen und sich in Schweigen zu hüllen.

Das Opfer sucht natürlich den Grund bei sich selbst und verfällt quasi in eine Art Schockstarre.

Manchmal braucht es zehn bis fünfzehn Anläufe oder sogar mehr, bis der Scammer sich gnädig erweist, wieder Kontakt aufzunehmen. Aber er wird erst dann zufrieden sein, wenn er feststellt, sein Opfer emotional vollkommen abhängig gemacht zu haben. In diesem Moment sind seine Bedürfnisse befriedigt, er wird den Kontakt komplett einstellen und sich das nächste Objekt der Begierde suchen.

Bis zu diesem Zeitpunkt ist sein Opfer regelrecht durch die Hölle gegangen. Durch den ständigen Wechsel zwischen Liebesschwüren und eiskalter Ablehnung entsteht ein unglaublich hoher, psychischer Druck, der kaum noch zu kompensieren ist.

Der Scammer zeigt sich äußerst kreativ in seinen Formulierungen und achtet sorgfältig darauf, seine Worte so zu wählen, dass sein Opfer immer mehr davon verlangt, quasi süchtig wird und es kaum erwarten kann, die nächste Nachricht zu erhalten. Genau in diesem Moment hüllt er sich für Stunden oder sogar Tage in Schweigen und lässt sein Opfer hilflos und völlig aufgelöst zurück.

Es wird nie erfahren, warum der Scammer sich nicht mehr gemeldet hat, wird sich massiv Sorgen machen.

Möglicherweise manifestieren sich schwere Depressionen, während der Scammer schon längst sein nächstes und übernächstes Opfer emotional missbraucht.

Die Erfahrungsberichte dieser Frauen haben allesamt eins gemeinsam. Im Gegensatz zu den Frauen, denen ein finanzieller Schaden entstanden ist, sind sie wesentlich länger nicht in der Lage, die Geschehnisse als Verbrechen zu erkennen, weil die Wut fehlt.

Die Palette der Gründe und Ausreden, warum der Kontakt abgebrochen sein könnte, ist weitreichend.

Zum Teil wird die Schuld bei sich selbst gesucht: Möglicherweise hat man etwas Falsches getan oder gesagt, was den vermeintlichen Partner beleidigt und zur Aufgabe der Beziehung bewegt hat.

Oder ihm ist etwas zugestoßen, von dem man, in Ermangelung gemeinsamer Bekannter, wohl niemals etwas erfahren wird.

Frauen, die an einen solchen Typen geraten, werden dieser großen Liebe für den Rest ihres Lebens hinterher trauern und es schwer aushalten können, dieses Schicksal ertragen zu müssen.

Offensichtlich tummeln sich im Moment auf allen Plattformen miese Betrüger. Vor einigen Tagen erhielt ich ebenfalls auf meinem Meditationsportal eine Anfrage eines gut aussehenden Mannes in Uniform.

Mittlerweile scanne ich alles an Fotos, was ich in die Finger bekomme. Und siehe da, Name und Konterfei stimmten mit einem hoch dekorierten Offizier der US Air Force überein. Ich kann mir beim besten Willen nicht vorstellen, dass dieser Major General, dessen Namen ich hier nicht nenne, fast stündlich Freundinnen added, ohne auch nur einmal meditiert zu haben. Garantiert nicht.

Diese Dreistigkeit hat mich dazu bewogen, die US Air Force per E-Mail darüber in Kenntnis zu setzen, inklusive eines Screenshots der Freundschaftsanfrage. Zumindest dieser Scammer wird nicht lange Freude an seiner Tätigkeit haben, da ich davon ausgehe, dass sich die United States einen Missbrauch von Foto und Namen eines hochrangigen Offiziers nicht gefallen lassen werden. Zumindest einer ist damit aus dem Verkehr gezogen.

Zwei Tage später erhielt ich tatsächlich eine Nachricht der US Air Force. Man danke mir sehr für meine Email und werde umgehend die Ermittlungen aufnehmen, da man den Namensmissbrauch als Angriff auf die Staatssicherheit ansehe...

Genau ins Schwarze getroffen, dieser Scammer wird sich noch wundern.

Aber nun zu meiner eigenen Geschichte.

## Drittes Kapitel:

## Die Kennenlernphase

Auch ich bin auf einen Romance Scammer hereingefallen, zumindest am Anfang. Nennen wir ihn Sebastian F. 51 Jahre alt, angeblich Vater von zwei Kindern, um deren Sorgerecht er gerade mit seiner Ex-Frau kämpft und mir den Eindruck vermittelte, seine Kinder seien sein Ein und Alles... damit war der erste Knopf bei mir bereits gedrückt, war ich ja selbst lange Alleinerziehende gewesen und wusste ich doch nur zu genau, was das bedeutet.

Die Tatsache, dass Kinder im Spiel sind, wirkt besonders seriös. Das weiß der Scammer natürlich auch.

Seine Zielgruppe sind schließlich Frauen ab Vierzig, die schon viel durchgemacht haben und aufgrund ihrer Erfahrungen möglicherweise enttäuscht vom Leben sind.

Frauen, die einsam sind und über wenig soziale Kontakte verfügen.

Trifft er jedoch auf eine Frau, die mit beiden Beinen auf dem Boden steht, zieht er sich zurück, weil er weiß, dass er diese Nuss niemals knacken wird.

Sebastian war angeblich Amerikaner aus Colorado Springs, Architekt, angestellt bei einer großen Firma und gut situiert.

Der zweite Knopf: meine Neugier war geweckt. Auch das ist sorgfältig einkalkuliert.

Eine überaus interessante Lebensgeschichte mit verantwortungsvoller Tätigkeit, einem angesehenen Beruf und geordneten, wohl situierten Lebensumständen lassen glauben, dass hier ein realer Mann am anderen Ende der Leitung sitzt.

Er erzählte mir sogar einmal, dass er monatlich um die 20.000 USD verdienen würde, allerdings nur, um direkt danach meinen Verdienst zu erfragen und zu checken, ob bei mir was zu holen sei.

Aber von Anfang an:

Seit mehreren Jahren nutze ich ein internationales Meditationsportal, um zur inneren Ruhe zu gelangen.

Das Besondere an diesem Portal ist die Weltkarte, auf der markiert ist, wo auf der Welt gerade meditiert wird, und zwar in Echtzeit.

Das schafft ein Gefühl von Zusammengehörigkeit und Gemeinschaft. Nach einer abgeschlossenen Meditation werden die Personen angezeigt, die ebenfalls meditiert haben und man hat die Möglichkeit, sich gegenseitig für die gemeinsame Meditation zu bedanken.

Individuelle Nachrichten sind ebenso möglich, werden aber selten genutzt.

Ich meditierte also seit etwa zwei Jahren täglich mit Hilfe dieses Portals, als eines Tages eine

Dankesnachricht aus Colorado Springs, USA eintraf.

Ich bin ein Mensch, der sehr neugierig ist und gerne auch mit Menschen fremder

Staatsangehörigkeiten und Kulturen in Kontakt tritt.

Dass ich damit nicht alleine auf der Welt bin, macht es den Scammern natürlich besonders leicht, den Erstkontakt herzustellen.

Es war also für mich kein Problem, zu antworten. Prompt kam eine Nachricht, die nur aus einem Wort bestand: „Hello..".

Arglos und dumm wie ich war, fragte ich, wie es denn so gehe und das war das Signal für „meinen" Scammer, ein potentielles Opfer gefunden zu haben. Das Profilbild war sympathisch und authentisch.

Sebastian war kein Adonis oder Dressman, sondern ein ganz normaler Mann.

Diese Tatsache fegte meinen gesunden Argwohn beiseite und ich war fest davon überzeugt, es mit einem realen Menschen zu tun zu haben, der meine Liebe zur Meditation mit mir teilt. Einem kleinen Flirt auf Distanz war ich im Prinzip gar nicht mal so abgeneigt.

Was sollte schon passieren, er würde nicht gleich am nächsten Tag vor der Tür stehen.

Auf die Idee, dass er möglicherweise gar nicht in Amerika, sondern sonst wo auf der Welt leben könnte, kam ich überhaupt nicht.

Streng genommen hätte es sogar mein Nachbar sein können, auf den ich da gerade hereinfiel.

Die Antwort kam prompt und am nächsten Tag zierte er seine Frage, wie ich geschlafen hätte, mit zahlreichen Sonnen. Am zweiten Tag endete die Nachricht mit einem Herzchen und ab dem dritten nannte er mich „My dear". Alles noch sehr unverfänglich und unspektakulär, aber er war ja auch noch in der Erkundungsphase.

Er zeigte sich äußerst charmant, interessiert und aufmerksam und begann nach meiner Lebenssituation zu fragen: verheiratet? Kinder? Und ich antwortete bereitwillig, gab ihm die Informationen, die er brauchte und half ihm damit, ohne nachzudenken, seinen Charme individuell auf mich einzustellen. Wie dumm und unvorsichtig ich doch war.

Aber er erzählte auch von sich. Von seinen Kindern, die ihm alles bedeuteten, seiner gescheiterten Ehe, ja sogar von seiner Mutter. Das alles gab mir das Gefühl, mit einem realen Menschen zu chatten und ich machte mir keinerlei Sorgen, eventuell Gefahr zu laufen, auf einen Betrüger hereinzufallen.

Er fragte, ob ich jemals in Amerika gewesen sei und bemerkte nebenbei, gerne einmal nach Deutschland reisen zu wollen. Fünf Tage flogen immer mehr Nachrichten auf diesem Portal hin und her, als er eines Tages fragte, ob wir nicht auf Hangouts oder Whatsapp wechseln wollten.

Ich bejahte, gab ihm meine Daten und wechselte mit ihm zu Hangouts.

Dort angekommen lief die Maschinerie auf vollen Touren, ich hing ja quasi bereits an seinem Fliegenfänger. Ich wurde mit Komplimenten überhäuft und welche Frau fühlt sich dabei nicht geschmeichelt?

Für das erste Wochenende, das wir im Netz verbrachten, musste ich jedoch eine Ausrede erfinden, schwer erreichbar zu sein.

Schließlich sollte ja mein Lebensgefährte, der immer nur am Wochenende zuhause ist, nichts mitbekommen.

Ich erfand eine schier unglaubliche Geschichte, aber er schluckte sie. Schließlich war es ihm ja auch egal, wo ich war, Hauptsache er konnte seine Duftmarken setzen.

Ich selbst spann ein Netz aus Lügen, ich sei in Marokko zur Beerdigung eines Freundes. Ich recherchierte sogar die Flüge, falls er nachschauen würde.

Die letzten zweihundert Kilometer meiner Reise legte ich angeblich im Auto quer durch die Wüste zurück, belegt durch zwei Fotos, um es authentischer zu machen.

Abb.1: Wüstenblume

Abb 2: Die Wüste Marokkos

Ich recherchierte muslimische Begräbnisrituale, hielt Totenwache und wurde schließlich vom Hodscha als Nicht-Muslimin vom Totengebet ausgeschlossen.

Sebastian bedauerte mich zutiefst, insbesondere für den Verlust meines guten Freundes. Er hatte wirklich sehr viel Verständnis für mich und tröstete mich.

In dieser Nacht habe ich so gut wie gar nicht geschlafen. Erst chatteten wir stundenlang und später rief er zum ersten Mal an.

Da die Verbindung schlecht war, bat ich um seine Telefonnummer, die er mir bereitwillig gab und unter der ich ihn auch erreichte. Ein weiterer Pluspunkt: eine private Telefonnummer, das konnte doch kein Fake sein.

Ich war selig und lauschte seiner Stimme. Tief, sonor, vertrauenserweckend.

Ein breiter amerikanischer Slang, der mir fast den Atem nahm, so sehr gefiel er mir.

Bedenken? Fehlanzeige. Auch für die Tatsache, dass dieser Mann keine Spuren im Internet hinterlassen hatte, machte mich nur kurzfristig stutzig.

Seine Erklärung: seine Profile seien gehackt worden und um nicht wieder geschädigt zu werden, habe er sie gelöscht... Ahh ja..

Zu der Zeit hatte ich keine Wahl, ich musste ihm glauben, ich konnte nicht anders.

Ich war schon tief in seinem Netz gefangen, viel tiefer, als mir überhaupt bewusst war.

Dann legte er einen Gang zu und begann langsam, von Liebe zu sprechen..

Ich sei so hübsch und so smart, abenteuerlustig und überhaupt würde ich alles verkörpern, was er sich von einer Frau nur wünschen würde und worauf er sein Leben lang gewartet hätte.


Ich log, dass sich die Balken bogen und hatte ein furchtbar schlechtes Gewissen.

Ja, ich fürchtete sogar um mein Karma, schließlich hatten wir uns auf einem Meditationsportal kennengelernt.

Zu dem Zeitpunkt war mir noch nicht klar, dass der Mann am anderen Ende ebenso log, wie ich.

Nur mit dem Unterschied, dass es ihm egal war und sein Gewissen noch nicht einmal leise aufbegehrte.

## Viertes Kapitel:

## Haben wir eine Beziehung?

Am Morgen nach dem ersten Telefonat kam die Ernüchterung. Als ich seine Nummer abspeichern wollte, stellte ich fest, dass es eine texanische Nummer war, also kein Anschluss aus dem Bundesstaat Colorado.

Im Handy hatte ich mir bereits alle Uhrzeiten eingestellt und als ich mir sicher war, dass er wach sein müsste, bombardierte ich ihn mit Vorwürfen.

Er hüllte sich in Schweigen, ja las meine Nachrichten noch nicht einmal. Das machte mich einerseits wütend, andererseits zappelte ich, wie ein Fisch an der Angel und befürchtete schon, dass meine Lüge aufgeflogen sei.

Ich suchte also wieder einmal den Fehler bei mir, nicht bei ihm.

Genau das war natürlich sein Plan. Er las in mir, wie in einem Buch. Nach Stunden, als er dann endlich beschlossen hatte, mich gnädig wieder in seine virtuellen Arme zu schließen, kam die erste Nachricht. Ich war zwar erleichtert, nicht aufgeflogen zu sein, trotzdem aber noch wütend und beleidigt. Wer mich kennt, der weiß, dass ich tausende kleiner Giftpfeile abschießen kann, wenn man mich erst richtig in Rage gebracht hat und genau das gelang mir sogar in dieser mir fremden Sprache.

Er war verwirrt. Glaubte er doch, mich lange genug im Ungewissen gelassen zu haben, um von mir wieder mit offenen Armen empfangen zu werden.

Aber so schnell war ich dazu nicht bereit. Ich verlangte eine Erklärung und er musste seine Taktik ändern. Ich würde ihm nicht vertrauen, obwohl er immer ehrlich zu mir gewesen sei (ha, ha).

Diese Nummer stamme noch aus seiner Zeit in Texas, aber er hätte noch einen weiteren mobilen Anschluss, natürlich aus Colorado. Diese Nummer schickte er mir ebenfalls in der Hoffnung, ich würde dort sowieso nicht anrufen. Er hat Recht behalten, ich habe es nie versucht.

Trotzdem ging ich weiter den Weg der Konfrontation. Ich fragte nach seiner Adresse. Mit dieser Frage brachte ich ihn vollends auf die Palme.

Er machte mir schwere Vorwürfe, ich machte mich immer kleiner und hatte wieder ein schlechtes Gewissen.

Trotzdem ließ ich nicht locker und fragte erneut, und zwar so lange, bis er damit rausrückte.

Mit deutlich spürbarer Verachtung warf er mir seine Anschrift buchstäblich vor die Füße. Es war die gleiche Anschrift, die ich bereits für einen gewissen Sebastian F aus Colorado Springs herausgefunden hatte.

Meine Hartnäckigkeit begründete ich damit, dass ich ihm eine Überraschung zum Geburtstag schicken wolle.

Damit hatte ich unbeabsichtigt seinen Nerv getroffen, aber er reagierte sehr schlau. Er meinte, er wolle noch keine Geschenke von mir, dafür sei es noch zu früh.

Wenn irgendwer irgendwem etwas schenken würde, dann sei er es, und zwar einen Ehering.

Bums.. damit hatte er mich hinterrücks voll erwischt, das war mir eindeutig zu viel des Guten.


Und er setzte noch einen drauf: Auch das sei zwar noch zu früh, aber er sei sich bereits jetzt sicher, mich zu seiner Frau machen zu wollen, da wir untrennbar zusammen gehörten.

Das entzog sich nun vollkommen meiner Vorstellungskraft, aber Sebastian wähnte sich wieder da, wohin er wollte und gewann erneut Oberwasser.

Mein Misstrauen signalisierte Alarmstufe Rot und stand mir ab da (fast) immer treu zur Seite.

Das war die Zeit, in der ich erstmals durch eine Fernsehreportage über „Romance Scamming" oder „Catfishing" informiert wurde.

Was ich dort sah, jagte mir einen gehörigen Schrecken ein.

Ich recherchierte Tag und Nacht im Netz, lud mir Bilderkennungsscanner herunter und jagte sämtliche Fotos, die ich von ihm hatte, durch.

Kein auffälliges Foto, keines, das je im Netz aufgetaucht war, alle offensichtlich privat.

Meine Sorgen wurden zunächst wieder zerstreut, aber der Stachel des Misstrauens saß tief und ließ mich von diesem Moment auch nicht mehr los.

Meine Tochter hatte vor Jahren einmal zu einem Freund gesagt, es lohne sich nicht, mich anzulügen, weil ich sowieso alles herausbekommen würde. Sie hat vollkommen recht.

Bei Spielen bin ich die erste, die das Rätsel lösen kann und schaue ich einen Krimi, weiß ich vor allen anderen, wer der Mörder ist.

Sebastian jedoch setzte einen Teil meines Gehirnes scheinbar ausser Gefecht und ich hatte Mühe, wachsam zu bleiben.

Zu schön waren die Versprechungen, die Liebesschwüre, denen ich nur zu gerne Glauben geschenkt hätte.


Wer jemals den Kontakt mit einem Romance Scammer erlebt hat, wird mir beipflichten, dass es äußerst schwer ist, sich dem Charme dieser Menschen zu entziehen.

Sie schicken ihre Opfer ohne jegliche Skrupel auf einen Weg durch Feuer und Eis.

Spüren sei bei ihrem Gegenüber auch nur den leisesten Zweifel, ändern sie wie auf Kommando ihre Taktik.

Geben sich enttäuscht oder verletzt und ziehen sich ein wenig zurück. Die Nachrichten werden kürzer, die Abstände der Kontaktaufnahme werden größer, sind nicht mehr erreichbar, bis sie der Ansicht sind, ihr Opfer wieder fest im Griff zu haben.

Aber für die Liebe seines Lebens nimmt er alles in Kauf und irgendwann meldet er sich wieder, gnädig, wie er ist. Allerdings macht er sehr deutlich, wie sehr er über das Verhalten enttäuscht und verärgert ist und dass so etwas nie wieder passieren darf.

Und den Zeitpunkt bestimmt natürlich immer er.

Das Opfer, noch völlig verwirrt von der Kontaktsperre, wird sich hüten, ihn noch einmal zu verärgern und spielt von da an nach seinen Regeln.

Auch ich habe die Regeln mit tausenden von Entschuldigungen akzeptiert, jedoch nur zum Schein. Er merkte gar nicht, wie ich ganz langsam den Spieß umdrehte.

Ich beließ es also zunächst dabei, fing aber an zu prüfen, wie er sich im Netz bewegte. War er bei Hangouts online, meldete sich aber nicht bei mir, konfrontierte ich ihn damit, worauf er genervt reagierte und mir immer wieder vorwarf, ihm nicht zu vertrauen. Schließlich sei er immer ehrlich, Gott wisse das genau. Er bekam richtig viel zu tun und musste sich echt anstrengen, mich bei Laune zu halten.

Er führte zwar fadenscheinige Begründungen an, über die ich nur müde lächeln konnte. Mein Verstand arbeitete Tag und Nacht.

Er fing an, mir ellenlange E-Mails zu schreiben, angeblich, weil es im Büro nicht so auffallen würde.

Mit der ersten E-Mail offenbarte er mir seine Lebensgeschichte. Dass er gestottert habe und in der Schule gemobbt wurde. Mehrfach von Schulen verwiesen wurde aufgrund seiner Aggressivität immer wieder auffällig war. Schließlich habe er bei einer Schlägerei einen Schädelbasisbruch erlitten, nach dem er mehrere Wochen im Koma lag. Sein Ziel war es natürlich, mein Mitleid zu erregen und ordentlich auf die Tränendrüse zu drücken.

Er stellte sich als gläubiger Christ dar, der fest an Gott glaube und jeden Sonntag zur Kirche gehe.

Seit er weiß, dass mir das überhaupt nichts bedeutet, schrieb er auch nicht mehr so viel über Gott. Er hatte sehr wohl bemerkt, dass er damit nicht punkten konnte…

Freie Übersetzung seiner ersten E-Mail vom 25.09.2019

(Das Original liegt der Verfasserin vor)

*Guten Abend mein Engel. Ich schreibe dir heute eine kurze E-Mail , weil ich gerade hier bei der Arbeit sehr beschäftigt bin. Ich kann während der Arbeit nicht so viel mit dem Handy schreiben, daher denke ich, ich kann dir besser auf meinem Desktop schreiben, das fällt nicht so auf. Ich möchte, dass du weißt, dass du mir unglaublich viel bedeutest. Warum ich das sage, ist, dass ich im Moment weder dich noch eine andere Frau in mein Leben lassen wollte. Aber ich habe sehr starke Gefühle für dich, gerade nachdem ich in den ersten Tagen mit dir geschrieben und gesprochen habe. Du haust mich einfach um. Und ich möchte, dass du weißt, dass ich nur eine Frau lieben kann. Und wenn ich meine Frau liebe, dann von ganzem Herzen. Ich möchte gerne jeden Zentimeter von dir kennenlernen und die Wärme deiner zarten Haut auf meiner spüren. Du bist die Luft, die ich zum Atmen brauche. Ich bin zwar eine sehr extrovertierte Person, aber ich höre immer erst genau zu, bevor ich selber spreche. Weisheit drückt sich halt nicht immer in gesprochen Worten aus, sondern kann sich auch durch gutes Zuhören entwickeln. So macht jeder scheinbare Unsinn am Ende doch einen Sinn.*

*Aber du bildest dir zu schnell und zu einseitig deine Meinung, das ist nicht gut. Einige Male in dieser kurzen Zeit hast du mich zwar verärgert, aber das kommt in Beziehungen wie unserer halt vor, die räumliche Distanz ist einfach zu groß. Möglicherweise werde auch ich dich eines Tages verärgern, aber wir werden das schaffen. Nach Missverständnis folgt immer ein Verständnis, welches größer und größer werden* wird. Wir sind nur Menschen und beileibe nicht perfekt. Alle beide nicht. Aber ich beginne, zu verstehen, wie du tickst und was dich aufregt. Am Ende wird alles in bester Ordnung sein, das weiß ich. Warum soll ich mir dann heute Sorgen machen? Manchmal gebe ich dir nicht das, was du gerade brauchst, aber sei nicht sauer darüber, das macht es nur noch schlimmer und es hilft uns nicht weiter, die Meilen, die zwischen uns liegen, zu überbrücken. Ich will dir aber niemals bewusst weh tun, niemals.

Als du dich von mir entfernt hattest, weil du einen Verdacht gegen mich hattest, hattest du in allem Recht. Du musstest dich schützen und ich verstehe das heute. Ich hoffe, dass du weißt, dass ich derjenige bin, der dich für den Rest deines Lebens schützen wird. Ich bin immer in Sorge, dass Dir etwas passieren könnte. Aber ich lüge dich nicht an. Was hätte ich auch davon? Ich habe dich nicht auf der Straße oder in einer Bar kennengelernt, sondern Gott hat uns zusammengeführt. Auch wenn du nicht an ihn *glaubst, ich tue es, weil er mir schon so oft geholfen hat.*

*Früher war ich oft überreizt, weil ich aufgrund meines Stotterns in der Schule gemobbt wurde.*

*Vielleicht kannst du dir vorstellen, wie furchtbar das war. Als Therapie habe ich viel Musik gehört und dazu gesungen, so habe ich das Stottern langsam überwunden, aber die Wut blieb. Ständig geriet ich in Streit und ich weiß gar nicht, wie oft ich die Schule wechseln musste, ist ja auch egal. Auf dem College ging es so weit, dass mich jemand gegen eine Wand schleuderte und mein Kopf hart dagegen schlug. Ich hatte einen Schädelbasisbruch und lag 9 Tage im Koma. Ein Wunder, dass ich überlebt habe.*

*Auch meine erste Freundin hat mir mein Herz gebrochen. So jung ich auch war, ich wollte sie heiraten und Kinder mit ihr haben. Aber sie ging mit meinem Freund fremd, dessen Vater reich war und ihr alles kaufen konnte.*

*Ich versuchte, mich umzubringen, aber auch das habe ich überlebt.*

*Durch Billy Sunday bin ich zu Gott gekommen und das hat mein Leben für immer verändert. Ich lernte, wie viel ein Leben wirklich wert ist und absolvierte viele Seminare zu dem Thema. Ich machte auch eine Psychotherapie.*

*Heute fühle ich mich stark, weil ich mental und emotional so viel durchgemacht und überstanden habe.*

*Sag mir bitte nicht, dass du mich liebst, wenn du dir nicht sicher bist. Verwende dieses Wort Liebe nicht, wenn du dir nicht sicher bist, was es für dich bedeutet. Wenn du mich liebst, dann sag es mir. Aber nur, wenn du sicher bist, den Rest deines Lebens mit mir verbringen zu wollen. Sag mir, dass du mich liebst, wenn du glaubst, Höhen und Tiefen mit mir überstehen zu wollen. Wahre Liebe bedeutet genauso viele Schmerzen, wie auch Freude. Manchmal läuft es eben nicht so, wie wir es uns wünschen.*

*Ich bin dir verpflichtet, weil ich in dich verliebt bin. Ich werde dich immer unterstützen und beschützen.*

*Und du sollst dich immer als etwas Besonderes fühlen, als wärest du die einzige Frau auf der Welt. Ich bin dir nah in deinen guten Tagen, aber noch näher in deinen schlechten, das verspreche ich dir. Die letzten Tage warst du am Morgen mein erster Gedanke und am Abend mein letzter. Ich bekomme dich nicht aus meinem Kopf und ich werde dir der beste Mann sein, den du dir vorstellen kannst, und zwar für den Rest meines Lebens.*

*Susanne, diese schöne Frau aus Deutschland mit einem liebevollen Herzen. Der Gedanke an dich ist immer noch in meinem Kopf. Ich vermisse dich so sehr.*

*In zehn Minuten habe ich ein Meeting, daher muss ich jetzt aufhören. Aber ich rufe dich später an, versprochen.*

*Gott schütze dich.*

Jetzt mal Hand auf's Herz, man muss schon aus Stein sein, diese Worte zu ignorieren oder? Das ist doch schon sehr philosophisch und könnte fast von irgendeinem romantischen Dichter abgeschrieben sein.

War es aber nicht. Es war überhaupt nicht abgeschrieben, mein Märchenprinz hatte eindeutig Talent.


Denn auch diesen Text ließ ich durch einen Scanner auf die Echtheit überprüfen, aber ich fand... nichts.

Fehlanzeige, er war tatsächlich original.

Einen kurzen Moment lang war ich versucht, seinen Worten Glauben zu schenken, aber nur ganz kurz, denn ich registrierte sehr wohl, dass er weiterhin auf dem Meditationsportal jede Menge Freundinnen sammelte.

Ich ließ ihn zunächst gewähren und lenkte das Gespräch erneut auf seinen Geburtstag. Ich wolle ihm gerne etwas etwas schenken, aber er lehnte erneut ab.

Es sei noch zu früh, meinte er, wohl wissend, dass dies bei mir einen entsprechend guten Eindruck hinterlassen und ich ihn für seriös halten würde.

Wie sollte er auch ahnen, dass ich ihm schon so dicht auf den Fersen war.

Ich muss allerdings immer wieder betonen, dass ich mich nach einer derartigen Nachricht immer wieder zur Ordnung rufen musste. Immer wieder aktiv meinen Verstand einschalten musste, um nicht in diesem Sumpf aus Lügen zu versinken. Ich kann all die Frauen, die es nicht schaffen, sich ihrem Scammer zu widersetzen, sehr gut verstehen.

Das Netz, welches hier gewoben wird, ist so dicht und klebrig, dass es einen nicht mehr loslässt, wenn man nicht vorsichtig genug ist.

Außerdem wird man mit Nachrichten, Emails und Anrufen regelrecht bombardiert. Es bleibt kaum Zeit, darüber nachzudenken und die hohe Intensität von bis zu 60 Nachrichten am Tag vermittelt am Ende das Gefühl, diesen Menschen schon sehr lange zu kennen.

Dabei spielt der soziale Status überhaupt keine Rolle.

Vor allem sollte man die Opfer von Scammern nicht als dumm abstempeln oder sogar verurteilen.

Denn das sind sie nicht, sie sind nur einsam.

**Fünftes Kapitel:**

**Wir gehören zusammen wie der Wind und das Meer**

Er zog die Zügel erneut an, indem er mich bat, nicht mit anderen über uns zu sprechen, auch nicht mit meiner Familie. Er meinte, es würde uns sowieso keiner verstehen, also sollten wir es besser lassen.

Als Beispiel führte er an, dass er mit zwei Freunden über mich gesprochen habe, diese ihn aber für verrückt erklärt hätten. Ich wolle nur sein Herz brechen oder mich sogar an ihm bereichern. Teure Geschenke erwarten oder ähnliches. Schließlich sei er ein wohlhabender Mann. Er sei darüber sehr traurig gewesen, dass seine Freunde ihn nicht verstehen konnten und so schlecht über mich dächten. Nur Gott und er würden schließlich wissen, wie wertvoll ich als Mensch tatsächlich sei.

Prompt übersandte er mir mehrere Fotos, die ihn zusammen mit einem Freund in einer Bar zeigten, um die Authenzität seiner Worte zu unterstreichen.

Natürlich dachte er dabei nur an mich und an mein seelisches Wohlbefinden.

Er befürchte nämlich, meine Familie würde nicht anders reagieren und diesen Konflikt wolle er mir ersparen.

Daher solle ich besser nichts erzählen.

Damit legte er den Grundstein für eine geheime Verschwörung. Nur wir beide sollten das Wunder der großen Liebe miteinander teilen. Ich sollte unsere Verbindung als eine geheime Angelegenheit empfinden, nur für uns. Das sollte sie zu etwas Besonderem machen. Der wahre Grund ist natürlich der Einfluss, den andere auf mich gehabt hätten.

Natürlich hätte meine Familie mich für verrückt erklärt, und zwar völlig zu Recht.

Diesem, für ihn völlig kontraproduktiven Einfluss musste er mich unbedingt entziehen und er erfand die romantischsten Erklärungen dafür.

Dass diese mich mittlerweile nur noch amüsierten, ahnte er natürlich nicht.

Ich bat ihn sogar, seine Freunde zu verstehen, da sie ihn nur schützen wollten. Sie würden mich mögen, wenn ich ihn erst besuchen und sie mich kennenlernen würden.

Deutlich spürbar wurde er unruhig und stellte klar, dass er der erste sei, der auf Besuch kommen wolle, nicht ich.

Ich glaube, er hatte wirklich Angst, dass ich eines Tages vor seiner Tür stehen könne, nicht wissend, wo sich diese Tür auf der großen weiten Welt überhaupt befand.

Ich stellte ihn sogar auf die Probe und erzählte ihm von einem amerikanischen Blockbuster, den ich gerade im Fernsehen sah. Er, ein 51 Jahre alter Amerikaner kannte diesen Film nicht. Er kannte noch nicht einmal den Klassiker „Casablanca". Er war wirklich nicht gut vorbereitet.

Unsere Unterhaltungen auf Hangouts liefen immer nach dem gleichen Schema ab:

---

Er: ich möchte so gerne in deiner Nähe sein.

Ich: Oh ja, das wäre wirklich schön.

Er: Es wird bald so weit sein. Vertrau mir.

Ich: Ich wünschte, ich könnte dir glauben.

Er: Du bist genau die Frau, die ich will. Du bist zwar ein bisschen stur, Aber die Süßeste von allen.

---

Mittlerweile nannte er mich „my love" und ich ihn „my one and only". Auf diesen Kosenamen stand er echt total, also tat ich ihm den Gefallen.

Er schwor mir ewige Liebe, aber ich glaubte ihm kein Wort mehr. Trotzdem weckte er erneut meine Neugier. Eine sicherlich völlig normale und gesunde Reaktion wäre gewesen, den Kontakt an dieser Stelle abzubrechen, aber nun wollte ich doch wissen, wie es weiter geht.

Ich wollte die Grenzen auschecken und sehen, wie weit ich einerseits gehen konnte und wie er wohl reagieren würde.

Ich drehte den Spieß einfach um.


Natürlich hielt mich nicht an unsere geheime Verschwörung. Ich erzählte meiner Schwester, nennen wir sie Wally, davon. Sie war zwar nicht begeistert, dass ich sie in diese Angelegenheit hinein zog, hörte mir aber zu.

Bald nahte das nächste Wochenende und ich musste mir wieder etwas einfallen lassen, um ihn mir vom Hals zu halten.

Diesmal erzählte ich, ich sei krank und könne nicht chatten. Ich müsse sogar für ein paar Tage in die Klinik. Das passte ihm ganz gut, konnte er doch so ungehindert seine Finger in andere Richtungen ausstrecken.

Und das tat er auch, jedoch in eine Richtung, die mir fast den Atem nahm und die ich als überaus dreist empfand.

Er schrieb Wally an. Das brachte das Fass nun wirklich zum Überlaufen. Entweder hatte er die verwandtschaftlichen Beziehungen nicht gecheckt oder es war Teil seiner Taktik. Offensichtlich war er sich aber in dem was er tat, sehr sicher. An Selbstbewusstsein mangelte es ihm jedenfalls nicht.

Ich erinnere mich genau. Es war am Freitag den 27.09.2019 gerade, als ich mit einer Kollegin über ihn sprach. Wally teilte mir mit, dass Sebastian sie kontaktiert habe. Auch wenn mir schon längst klar war, mit einem Betrüger zu tun zu haben, traf es mich schon, dass es ausgerechnet meine Schwester war, die er ebenfalls für seine Machenschaften missbrauchen wollte.

Mir war von dem Tag an jedoch schlagartig klar, was ich zu tun hatte und wollte nur noch eins: Rache!!

Wally und ich vereinbarten, ihn so richtig auflaufen zu lassen. Wir erfanden einen Lebenslauf, auf den er garantiert anspringen würde und ließen den Dingen erstmal ihren Lauf.

Damit begann für mich eine Odyssee durch die Abgründe menschlicher Fähigkeiten und begab mich auf einen schmalen Pfad, von dem ich nicht wusste, wo er enden würde.

Aber dieser Tag hielt noch eine weitere Überraschung für mich parat.

Ich fragte erneut nach seinem Geburtstag. Er antwortete, ob er sich etwas wünschen dürfe. Ich vermutete, ich solle ihm mein Herz schenken oder all meine Liebe, aber er wünschte sich … eine Armbanduhr.

Das war der Punkt, der mich wirklich verärgerte und mir erneut vor Augen führte, wer er war… ein gewissenloser Betrüger.

Die Idee, dieses Buch zu schreiben, wurde an jenem Tag geboren.

## Sechstes Kapitel:

## Zeit für einen Perspektivwechsel

Dies ist nicht das erste Buch, das ich schreibe, wohl aber das erste, welches ich unter meinem eigenen Namen veröffentlichen möchte.

Es ist mir wichtig, meine Identität preis zu geben und tatsächlich davon zu berichten, dass ich selbst fast auf diesen Betrüger hereingefallen wäre und ich möchte durch diesen Tatsachenbericht alle Frauen warnen, die auf diese Weise Kontakt zu Männern aufnehmen.

Ich möchte nichts beschönigen und obwohl ich mich selbst für eine starke und intelligente Frau halte, war ich beileibe keine Heldin, sondern eher auf dem besten Weg, ebenfalls ein Opfer dieser perfiden Masche zu werden.

Aber Sebastian war sich seiner Sache einfach zu sicher. Er passte nicht mehr richtig auf wurde unachtsam und machte gravierende Fehler.

Einer davon war halt, meine Schwester zu kontaktieren.

Auch die Bitte nach einer Uhr war ein wirklich großer Fauxpas..

Für mich wurde es nun Zeit, die Rollen zu tauschen, beziehungsweise zumindest meine Sicht auf die Dinge zu verändern.

Welche Fakten hatte ich?

Nun, ich war doch offensichtlich in einer Beziehung mit einem gut situierten Mann der Upper-class aus Amerika.

Mit einem Mann, der es geschafft hatte, trotz seiner ach so schweren Jugend ein monatliches Einkommen von etwa 20.000 USD zu erzielen. Und so ein Mann wünschte sich eine Armbanduhr von mir zum Geburtstag?

Der hätte sich eine Luxusuhr nach der anderen kaufen können!

Ich musste wirklich lachen und hatte jede Menge Spaß bei dem Gedanken, was wohl passieren möge, wenn ich die Bombe platzen ließe... dieser

Gedanke machte mich fröhlich und ließ mich die folgende Zeit überstehen.

Kommissar Zufall spielte mir zum Glück immer mal wieder in die Karten und von jetzt an wähnte ich mich immun gegen jegliche Liebesschwüre und besprach mich stattdessen lieber täglich mit Wally.

Er schrieb Ihr: „Hangouts oder whatsapp sind für uns viel besser geeignet, da wir dort auch Fotos austauschen können, was meinst du?"

Vorsichtshalber hatte ich bereits eine E-Mail-Adresse und einen zweiten Hangouts-Account eingerichtet, beide auf meinem Handy, so dass ich nahtlos übernehmen konnte.

Aber zunächst zurück zu jenem Freitag.

Ich musste also erneut eine Geschichte erfinden, um ihn mir etwas vom Hals zu halten. Diesmal war ich krank und musste für einen Check-up in die Klinik. Ich drückte ordentlich auf die Tränendrüse.

Er bot mir doch tatsächlich an, für die Kosten aufkommen zu wollen und mir 10.000 USD zu überweisen. Schön dumm, hätte ich das Geld mal angenommen… Wäre ja doch mal interessant gewesen, wie er sich aus der Affäre gezogen hätte.

Aber ich lehnte dankbar ab mit der Begründung, entsprechend versichert zu sein. Dazu muss man wissen, dass der Großteil der Amerikaner eben nicht krankenversichert ist und für sämtliche ärztlichen sowie zahnärztlichen Leistungen und auch für Krankenhausaufenthalte selbst aufkommen muss.

Was für ein Held er doch war und wie großzügig noch dazu.

Aber selbst, wenn ich ja gesagt hätte: Das Geld wäre aufgrund widriger Umstände niemals bei mir angekommen. Trotzdem war es ein geschickter Schachzug, seine Großzügigkeit unter Beweis zu stellen.

Falls er eines Tages einmal finanziell auf mich angewiesen sein sollte, versteht sich, würde er diesen Trumpf geschickt aus dem Ärmel ziehen können und mich daran erinnern.

Ich schickte ihm also ein gefaktes Foto mit Kanüle in der Hand und war total erschrocken, wie abgebrüht ich selbst tatsächlich war.

Aber der Zweck heiligte die Mittel und ich war ihn für's erste los.

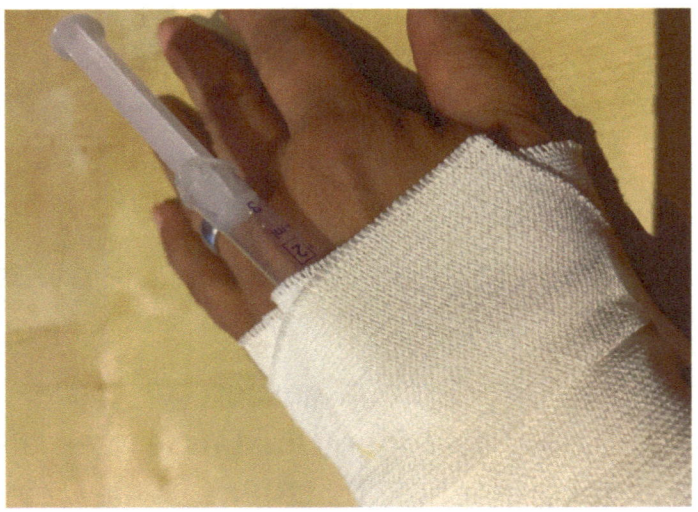

Abb. 3: Das muss einem erst mal einfallen...

Mit Ausnahme der stündlichen Anfragen, wie es mir denn gehe... er war schon sehr besorgt mein Sebastian. Als ich am Samstag Abend schrieb, ich würde auf eigene Verantwortung nach Hause gehen, versuchte er, mich zu überreden, doch in der Klinik zu bleiben.

Aber ich blieb bei meinem Standpunkt und er fügte sich irgendwann.

Längst schrieb er regelmäßig Nachrichten an Wally, aber wir beide gaben uns ahnungslos.

Der Grund, warum er tatsächlich Interesse hatte, war offensichtlich ihr Profilfoto!

Sie hatte sich mit einem Jaguar, also diesem sündhaft teuren Auto, ablichten lassen, das Bild war der Hammer. Uns war klar, dass unser gemeinsamer Freund tierisch darauf abfahren würde, dabei gehörte ihr dieses Auto gar nicht. Der Zufall wollte es, dass gerade jemand zu Besuch war, der dieses schicke Auto sein Eigentum nannte.

Eine Gelegenheit, die wir uns nicht entgehen lassen konnten.


In der Nacht zum 03.10.19 führten wir ein sehr langes und intensives Gespräch, welches ich sehr genossen hätte, wäre mir nicht bewusst gewesen, mit wem ich da gerade sprach.

Aber weil es mir bewusst war, fiel es mir zunehmend schwerer, mich auf seine Worte zu konzentrieren und mich nicht stattdessen auf die Tastatur oder den Hörer zu übergeben.

So widerwärtig fand ich mittlerweile seine Lügen.

Natürlich musste ich weiter bewundernd zu ihm aufschauen, schließlich war er auch nur ein Mann.

Immer mal wieder zeigte ich mich sprachlos über seine poetische Ader und versicherte im, so etwas noch nie in meinem Leben gehört zu haben.

Ein bewusst eingeworfenes „my one and only", darauf fuhr er tierisch ab.

Wahrscheinlich verlieh ihm dieser Kosename eine Art Macht über mich und machte ihn glauben, er habe alles unter Kontrolle.

Wie sehr er sich doch täuschte: Er wähnte sich auf der Sonnenseite des Lebens, von den dunklen Wolken, die hinter ihm aufzogen, ahnte er nichts.

In dieser Nacht also telefonierten wir mehr als zwei Stunden und ich hatte für uns einen Platz

kreiert, an dem wir uns virtuell treffen konnten. Wer das gute alte Pink Floyd Lied „Braindamage" kennt, wird bereits ahnen, wo sich dieser Platz befindet. Hier eine freie Übersetzung: „Wenn die Wolken explodieren und du den Donner hörst. Du rufst laut, aber keiner versteht dich. Und wenn die Band in der du bist, plötzlich nur noch schiefe Töne spielt, dann treffe ich dich auf der dunklen Seite des Mondes. I'll see you on the **dark side of the moon.**

Das war also der Platz, an dem ich ihn treffen wollte. Schon ziemlich romantisch, oder?

Aber auch dieses Lied war ihm fremd. Er dachte tatsächlich, ich selbst hätte diese Zeilen verfasst.

Und obwohl ich wusste, dass er ein Betrüger ist, musste mich immer wieder zur Ordnung rufen. Zu viel romantisches Zeug: Wie muss es da erst den Frauen gehen, die völlig ahnungslos und ungeprüft alles für bare Münze halten?

Ein Scammer weiß genau, welche Knöpfe er drücken muss, indem er bereits am Anfang die richtigen Fragen stellt. Darauf ist er geschult.

Mir hat mir die perfekte Beziehung vorgegaukelt. Eine Beziehung, die es nie gab und die es nie geben würde.

Die Ernüchterung kam prompt. Während wir telefonierten, addete er wieder ein potientielles Opfer im Meditationsportal.

Als ich das sah, regte ich mich künstlich auf und schrieb ihm direkt, es endgültig leid zu sein, von ihm belogen zu werden. Die Nase voll zu haben von seinen ganzen Versprechen, die er sowieso nicht halten würde. Es sei aus.

Mit der nun folgenden Reaktion hatte ich aber dann doch nicht gerechnet.

Ich hätte sein Herz komplett gebrochen, schrieb er. Nie wieder könne er eine Frau lieben und wenn er seine beiden Kinder nicht hätte, würde er sich umbringen. Dazu kamen zig Anrufe in Abwesenheit.

Dass er so reagierte, hätte ich niemals gedacht. Und auch wenn ich wusste, dass er ein Fake ist, rührten mich seine Worte an.

Nicht auszudenken, wenn ich ihn für einen realen Mann gehalten hätte, meine gesamte Persönlichkeit wäre dahin geschmolzen, wie Butter in der Sonne.

Natürlich hatte ich keine Ahnung, wem er noch alles auf die gleiche Weise schrieb, wie er mir schrieb.

Ich wusste nur von Wally. Immerhin zwei Seelen, die gerettet und nicht hereinfallen würden. Aber weil wir ihn auffliegen lassen wollten, machte ich weiter und lenkte meine Worte Richtung Versöhnung.

Ich gab ihm sogar noch die Chance, alles zuzugeben und die Wahrheit zu erzählen, indem ich ihn fragte, ob er mir noch etwas zu sagen habe. Er tat so, als würde er nicht verstehen, was ich damit meine und verspielte damit diese Chance, die einzige goldene Brücke, die ich ihm jemals bauen würde. Er betrat sie nie.

Ich war ganz, ganz kurz davor, ihm die Wahrheit ins Gesicht zu schleudern, aber für dieses Buch hatte ich noch nicht genügend Material und Informationen gesammelt. Also fuhr ich fort und machte gute Mine zum bösen Spiel.

Sebastian schrieb auch weiter an Wally und versuchte, sie in sein Netz aus Lügen und Betrügereien zu ziehen.

Es war einfach widerwärtig, dies mit anzusehen und wieder überkam mich das Gefühl, mich auf die Tastatur erbrechen zu müssen.

Immer mehr Nachrichten trafen bei ihr ein und schließlich bat er auch sie, auf Hangouts weiter zu chatten, weil man dort Fotos austauschen und telefonieren könne.

Mein Fake-Profil und meine E-Mail-Adresse waren ja bereits fertig gestellt und ich ging nun mit einem zweiten Profil auf Hangouts online.

In ihrem Namen schickte ich ihm am ersten Tag direkt drei Nachrichten, erhielt aber keine Antwort.

Auf meinem eigenen Profil aber sehr wohl. Ich konnte es nicht wirklich verstehen, warum er meiner Schwester nicht schrieb, aber er hüllte sich konsequent in Schweigen. Möglicherweise ahnte er etwas, ich musste nun sehr vorsichtig sein.

Stattdessen schwor er mir ewige Liebe bis tief in die Nacht.


**„Ich liebe dich bis zum Mond und zurück" „ Ich vermisse dich so sehr", „Worte können meine Liebe nicht beschreiben"**

Dies ist nur eine kleine aber feine Auswahl dessen, was er mir versprach und ich musste immer wieder meinen Verstand einschalten, um nicht selbst zum Opfer dieser klebrigen Schwüre zu werden, mit denen er versuchte, mich einzuwickeln.

Er wartete wie eine Spinne im Netz, bereit für den Moment, an dem er zuschlagen würde.

Dass dieser Tag niemals kommen würde, konnte er nicht ahnen, denn ich ging auf sein Spiel ein und machte ihn glauben, völlig wehrlos zu sein.

Sein Eindruck war sicherlich, dass er mich langsam genau da hatte, wo er mich haben wollte.

Er log mir vor, wir wären füreinander geboren und folgten einfach nur unserer Bestimmung.

Es war nur noch eine Frage der Zeit, wann er entsprechende Geldforderungen an mich stellen würde.

Immerhin hatten wir bereits seit mehr als drei Wochen einen intensiven Kontakt und er erwartete sicherlich eine fürstliche Entlohnung für seine geleistete Arbeit.

Dies begann er auch sorgfältig vorzubereiten.

Er rief völlig aufgekratzt an und erzählte mir, er müsse am nächsten Tag nach Georgia fliegen, da er einen Architektenwettbewerb gewonnen habe. Es böte sich ihm die Chance, die Inneneinrichtung eines Kreuzfahrtschiffes der Carnival Cruise Line zu designen.

Dies sei die Chance seines Lebens und es würde ihn zum Millionär machen.

Wir würden den Rest unseres Lebens gemeinsam in Reichtum verbringen können.

Wow... Welch hervorragende Nachricht. Ich freute mich so sehr mit ihm... natürlich war mir klar, dass er damit den Showdown einleiten würde.

Er wurde ein klein wenig übermütig und schickte mir unvermittelt Fotos von seiner schicken Designer-Wohnung, allesamt kopiert aus einer Anzeige zur Vermietung eines Appartements in New York.

Ich war schon etwas erschüttert, wie sorglos und stümperhaft er mir weismachen wollte, dass er ein reicher Mann sei.

So flog er angeblich am nächsten Tag nach Atlanta, aber die Flugzeiten, die er mir nannte, existierten überhaupt nicht.

Wieder ein Beweis dafür, dass er sich offensichtlich sehr sicher war. Ich konnte es kaum fassen. Was dachte sich dieser Mann eigentlich. Was glaubte er eigentlich, wie dumm ich sei? Oder wie verliebt?

Aber ich spielte weiter mit und bat ihn, mir Bescheid zu geben, wenn er angekommen sei. Das tat er auch ganz brav.

Nun war er also in Atlanta. Das bedeutete, dass er aufpassen musste, weil er sich in einer anderen Zeitzone aufhielt.

Er war sehr beschäftigt dort. Hatte angeblich ein sehr langes Gespräch bei Carnival und zeigte sich sehr nervös.

Ich schmierte ihm Honig um den Bart. Er würde es schon schaffen, weil er der Beste sei. Allein seine ach so geschmackvoll eingerichtete Wohnung würde seine Qualitäten als Innenarchitekt schließlich unter Beweis stellen.

Er ließ mich lange zappeln, das „Gespräch bei Carnival" dauerte sehr lange. Irgendwann teilte er mir mit, dass er erfolgreich gewesen sei und dies sei auch mein Verdienst.

Ich hätte ihn so gut unterstützt und ihn sehr stark gemacht. Der Vertrag sei bereits in Vorbereitung, enthalte aber auch die eine oder andere Klausel, die ihm Sorge bereite. Er würde mir alles in einer E-Mail erklären.

Auch in dieser Nacht haben wir etwa eine Stunde telefoniert und ich erzählte ihm, dass ich sein Geburtstagsgeschenk bereits bestellt hätte und das Paket in der kommenden Woche verschicken würde.

Zur Erinnerung: er hatte mir den 18.10. genannt, es wäre damit noch ausreichend Zeit, das Geschenk rechtzeitig ankommen zu lassen.

Aber er machte einen riesigen Fehler, indem ihm herausrutschte, sein Geburtstag sei schon morgen. Da hatte er wohl die Informationen, die er den einzelnen Frauen von sich gab, schlicht und einfach verwechselt.

Ich zeigte mich überrascht und sagte, ich sei zu 99% sicher, dass er mir den 18. Oktober genannt habe.

Er lachte und fragte, ob ich mir das aufgeschrieben hätte. Ich bejahte und er meinte, es sei nur ein Scherz gewesen, mit dem er mich auf die Probe hätte stellen wollen. Ich musste mir wirklich die Hand auf den Mund halten, um nicht laut los zu lachen.


Er war sich scheinbar so sicher, mich vollständig eingewickelt zu haben, dass er tatsächlich unvorsichtig wurde.

Aber auch ich musste höllisch aufpassen, was ich auf beiden Profilen schrieb. Er kannte mich und meine Art zu texten schon viel zu genau, als dass ich auf Wally's Profil einfach hätte drauf los schreiben können.

Ihm war in dieser Nacht sehr wichtig, zu erwähnen, dass er gerade eine E-Mail an mich verfasse, um zu erklären, was er gerade in

Atlanta zu tun habe und warum er so wenig Zeit für mich habe.

Es sei ihm eine Herzensangelegenheit, mich an seinem Leben teilhaben zu lassen.

In Wahrheit wollte er nur sicherstellen, dass ich verstand, dass er von nun an sehr viel Geld brauchen würde.

Am Morgen fand ich dann die nachfolgende Nachricht in meinem Postfach, die ich ins Deutsche übersetzt und ein wenig verändert habe, um mich selbst nicht dem Vorwurf der Verletzung von Persönlichkeitsrechten aussetzen zu müssen. Der Originaltext liegt mir jedoch vor.

Keine Ahnung, wieviele Frauen exakt diese Nachricht heute Nacht erhalten haben. Wie man unschwer erkennen kann, enthält sie keinerlei persönliche Botschaft, ja noch nicht einmal eine personalisierte Anrede.

Kaum auszudenken, dass tatsächlich Frauen im Netz existieren, die auf dieses Gesülze hereinfallen und möglicherweise Geldbeträge, wie hoch auch immer, in die USA transferieren werden.

Für all die Frauen kommt dieses Buch leider zu spät.

*„Guten Morgen meine Liebe. Ich bin so froh, dass ich deine wunderbare Stimme gestern Abend gehört habe, bevor du ins Bett gegangen bist, Baby. Und dass du mir heute morgen geschrieben hast, hat mich doppelt glücklich gemacht. Erst jetzt konnte ich ruhig schlafen, weil ich wusste, dass du meine Träume bewachen wirst. Aber zuerst schreibe ich noch diese E-Mail zuende.*

*Ich möchte, dass du weißt, mit welchem Projekt dein Mann beschäftigt ist, meine Süße. Aber zu allererst möchte ich mich für deine Hilfe bedanken. Es war echt nicht einfach Baby, weil ich sehr nervös und aufgeregt war, aber du warst da, hast mir Mut gemacht und warst immer an meiner Seite. Der Gedanke an dich hat* mich durch den gesamten Tag getragen und mich stark gemacht.

Jeder erfolgreiche Mann hat eine starke Frau an seiner Seite und ich danke dir, dass gerade du diese Frau bist. Ich habe mein ganzes Leben nach der Einen gesucht. Die Eine, die mich bedingungslos liebt. Du bist die Frau, die mich völlig wehrlos und ohne Vorbehalte liebt, dass selbst Tausende von Meilen uns nichts anhaben können. Du wirst immer in meinem Herzen sein. Ich nenne dich immer meinen Schatz, weil du mein Leben unglaublich bereicherst. Ich bin ein anderer Mensch, seit ich dich kenne. Ich bin stolz, dass du zu mir gehörst und ich bin überglücklich dich meine Frau nennen zu dürfen.

Nun zu meinem Vertrag. Ich soll das Interieur eines Kreuzfahrtschiffes designen und mit den besten Möbeln ausstatten. Das Schiff ist bereits fertig, auch die Verkabelung, aber trotzdem gibt es noch sehr viel Arbeit.

Die Firma, die diesen Auftrag vorher hatte, hat eine falsche Kalkulation abgeliefert und wurde nicht nur gefeuert, sondern auch verklagt. Sie wurde wegen Betruges und Erpressung verurteilt und die Lizenz wurde ihnen entzogen. Nur durch diesen Umstand konnte ich den Job erhalten, trotzdem tut mir der Architekt leid, weil er nun völlig ruiniert ist. Aber er hat einen großen Fehler gemacht und seine Strafe dafür bekommen.

Die Leute von Carnival waren von meinen Entwürfen begeistert. Die Schlichtheit und Eleganz meiner Zeichnungen hat ihnen sehr gefallen. Dabei sind die Kosten auch noch wesentlich niedriger und das hat sie letztendlich überzeugt.

Meine Süße, ich bin unendlich glücklich, aber auch traurig, dass ich die nächsten Wochenenden nicht mit meinen Kindern verbringen kann.

Heute rief meine Ex-Frau an, um zu gratulieren. Sie meinte, ich werde jetzt bestimmt sehr berühmt werden. Das hat mich ein wenig geärgert, weil sie mich bei der Scheidung fast ruiniert hat. Sie hat sehr viel Geld bekommen und führt ein luxuriöses Leben. Ich habe vor kurzem gehört, dass sie wieder mit ihrem Highschool-Lover zusammen ist, Freunde haben sie gesehen.

Aber, wir sind uns einig, dass ich die Kinder sehen kann, wann immer ich das möchte.

Genug davon, von meiner Ex-Frau willst du sicher nichts hören. Sie war einfach nicht die Richtige für mich.

Der Wert des Auftrages beträgt 700.900.000 USD. Eine wirklich große Summe und der Auftrag wurde als Fremdfinanzierung vergeben. Das heißt, ich muss 10% aus meinem Privatvermögen als Vorschuss leisten. Diesen bekomme ich zurück, wenn der Auftrag erfolgreich abgewickelt wurde. Diesen Vertrag habe ich unterschrieben.

Ich habe einiges Geld auf meinem Konto, aber es reicht nicht aus. Daher musste ich einen Kredit beantragen. Am Montag bekomme ich Bescheid.

*Ich werde die nächsten Wochen sehr beschäftigt sein, aber für dich werde ich mir immer Zeit nehmen.*

*Du bist die Frau, die ich will, die Frau, die ich brauche und die Frau, mit der ich den Rest meines Lebens verbringen möchte. Ich liebe dich, Baby, und ich liebe dich, bis ans Ende der Zeit.*

*Im nächsten Leben sollten wir uns früher treffen, um mehr Zeit miteinander verbringen zu können. Du bist meine Seelenverwandte, ich werde dich finden, egal wo du dich aufhältst. Ich liebe dich, und ich werde dich immer lieben. Du bist meine Welt, du bist mein Leben*

*Ich liebe dich für immer und ewig !!*

So, so. Zur Erfüllung dieses Vertrages ist er also verpflichtet, eigene Mittel in nicht unerheblicher Höhe einzusetzen, welche er nach Abschluss des Auftrages zurückerhalten soll. Von einem derartigen Vertrag hatte ich noch nie gehört, aber so weit, so gut.. Natürlich bin ich mir sicher, dass er diesen Kredit nicht bekommen wird, einfach aus der Tatsache heraus, dass er gar keinen beantragt hat.

Warum nicht? Weil es weder diesen Auftrag, noch den Vertrag jemals gegeben hat.

Diese gesamte Geschichte war so hanebüchen, dass sie nur erstunken und erlogen sein konnte.

Er wird mir am Montag mitteilen, dass der Kreditbetrag nicht gewährt wurde oder aber nicht ausreichend ist und dass ich ihm im Namen unserer Liebe Geld leihen muss.

Schließlich geht es um unser gemeinsames Leben und er wird komplett ruiniert sein, wenn ich ihm nicht helfen würde.

Ich schätze, es wird um einen Betrag zwischen 20.000,00 und 50.000,00 EUR gehen.

Aber selbst, wenn es nur 100,00 EUR wären, ich würde nicht zahlen.

Die niederschmetternde Nachricht sah ich schon direkt vor mir, als hätte ich sie selbst verfasst .. er war so berechenbar!!

Und dabei hielt er sich für so unheimlich clever und unwiderstehlich.


Er drückte den Nachmittag über auch ordentlich auf die Tränendrüse. Er sei so nervös, hätte Angst vor der Entscheidung der Kreditinstitute und könne vor Aufregung kaum schlafen oder essen.

Natürlich versicherte er sich ganz subtil meiner Unterstützung.

Ich ging brav darauf ein und betätigte mich als Motivationscoach: Chaka, du schaffst das!

Natürlich immer in dem Bewusstsein, dass er scheitern wird und er mich leider um Geld bitten muss.

Unsere virtuelle Liebe sollte also in aller nächster Zukunft definitiv zu Ende gehen. Seine moralisch erpresste Forderung nach Geld würde jedoch für mich den Zeitpunkt markieren, an dem ich ihn mit der Wahrheit konfrontieren würde. Danach würde er nichts weiter sein, als eine blasse Erinnerung. Rückblickend muss ich zugeben, ihn ein klein wenig zu vermissen.

Um ihn ein wenig in Bewegung zu halten, textete ich ihn mit dem Account meiner Schwester immer wieder an. Es lief zwar etwas schleppend, aber am Ende hatte ich ihn doch da, wo ich ihn haben wollte. Er antwortete zuverlässig, glaubte er doch, einen dicken Fisch an der Angel zu haben.

Den ganzen Sonntag über beschäftigte ich ihn, mal mit dem einen, mal mit dem anderen Account.

Das war gut so, hatte er dadurch zumindest nur wenig Zeit, eine weitere, wahrscheinlich nichts ahnende Frau in sein Spiel zu ziehen.

Für mich war er noch in Atlanta, für meine Schwester in Aurora, Colorado. Ein Zeitunterschied von immerhin zwei Stunden, den auch ich einzukalkulieren hatte, wenn ich keinen Fehler machen wollte. Wo dieser Mensch sich tatsächlich aufhielt, war am Schluss dann doch eine Überraschung.

Ja, unser Freund hat für mich völlig unerwartet einen hohen Kredit für sein Projekt erhalten, aber ihm fehlen immer noch sage und schreibe 325.000 USD... der Frust war so groß!

Er rief mich an, um mir zu erzählen, wie unglücklich er sei und dass er jetzt seine Freunde um Geld bitten müsse.

Ich ging darauf ein. Er würde das Geld sicherlich zusammen bekommen, da sei ich ganz sicher und auch er müsse ganz fest daran glauben.

Sehr geschickt lenkte er das Gespräch auf meine finanzielle Situation. Was ich verdienen würde und ob ich etwas gespart hätte.

Ich gab mich komplett sorglos und erzählte ihm, dass ich niemals sparen würde, weil das Leben dafür zu kurz sei.

Ich würde mein Geld ausgeben, noch bevor es auf meinem Konto sei, für Urlaub, Kleidung, Auto und so weiter. Außerdem hätte ich noch einen Immobilienkredit, den ich bedienen müsse.

„Wenn ich etwas sehe, was mir gefällt und ich es haben möchte, dann kaufe ich es mir halt. Und ich sehe ständig etwas, was mir gefällt."

Er lachte und meinte, ich sei lustig.

Was ich nicht wirklich verstand war, dass er mit seinen Liebesschwüren fortfuhr und das Gespräch nicht direkt abwürgte.

Er liebe mich mehr, als alles andere auf der Welt und es gehe schließlich nur um Geld. Ich sei viel wichtiger, als das.

Geld könne nicht mit ihm sprechen, Geld könne ihn nicht lieben. Er könne sich zwar fast alles für Geld kaufen, aber eben nur fast. Die wichtigsten Dinge wären für Geld nicht zu bekommen. Wir scherzten noch ein wenig, die Stimmung war absolut gelöst.

Auf die Frage, wo wir demnächst leben würden, in den USA, in Deutschland oder in der Mitte, antwortete er, dann müssten wir uns ein Boot kaufen, in der Mitte sei schließlich nur Wasser.

Es war das erste Mal, dass ich tatsächlich über seinen Wortwitz lachen musste.

Nach etwa einer Stunde meinte er, er müsse nun anfangen, seine Freunde abzutelefonieren, er hätte nur bis Ende der Woche Zeit, das Geld zusammen zu bekommen. Offensichtlich wollte er die Spannung noch etwas erhöhen.

Ich hatte gerade aufgelegt, da erklang der Nachrichtenton einer eingehenden Nachricht bei Hangouts.

Aber es war nicht ich, den er antextete, sondern... Wally. Nachdem er sich den ganzen Tag bei ihr nicht gemeldet hatte, kam nun eine liebevolle Nachricht, sie möge gut schlafen und süß träumen.

Ich antwortete erst am nächsten Morgen, und zwar auf beiden Accounts, um ihn ein wenig in die Zange zu nehmen, aber er schwieg zunächst.

Mir war klar, dass der Showdown nun unmittelbar bevor stand. Möglicherweise würde er sich aber auch still und heimlich aus meinem Leben schleichen, wenn ihm klar würde, dass bei mir nichts zu holen sei.

Dienstag, den 08.10.2019 erhielt ich am Nachmittag eine Nachricht, er müsse mir später was zeigen, und zwar etwas, das meine kühnsten Träume in den Schatten stellen würde. Und… ich würde es lieben.

Ich fragte so lange nach, bis er mir mitteilte, dass er im nächsten Monat nach Deutschland käme, um mich zu besuchen.

Zunächst war ich geschockt und mein Hirn lief auf Hochtouren, aber nach einer kurzen Zeit des Überlegens kam ich zu dem Schluss, dass auch dies ein Fake sein musste.

Geeignet, mir doch wenigstens 1.000,00 oder vielleicht sogar 2.000,00 EUR aus der Tasche zu ziehen. Also beruhigte ich mich wieder.

Am Abend schickte er mir ein Foto mit einer Bleistiftzeichnung meines Gesichtes.

Er oder wer auch immer hatte es von einem Foto, das ich ihm mal geschickt hatte, abgezeichnet. Vielleicht war es auch nur ein entsprechendes Programm oder eine App, wer weiß das schon.

Das war vorerst das Letzte, was ich von Sebastian gehört habe. Ich versuchte am nächsten Tag, ihn über sämtliche Kommunikationswege, die ich kannte, zu kontaktieren, aber ohne Erfolg. Schließlich musste ich die Besorgte spielen, zumindest aber die schwer Verliebte, die es ohne Nachricht nicht mehr aushielt.

In Wahrheit hielt ich es einfach für zu unspektakulär, es auf diese Weise enden zu lassen.

Er hüllte sich weiter in absolutes Schweigen und baute scheinbar ohne jegliche Vorwarnung einfach eine Mauer, die ich nicht überwinden konnte.

Aber ich war wohl noch nicht komplett nutzlos für ihn.

Er zeigte mir damit nur unterschwellig, was passieren würde, wenn ich ihm kein Geld schickte.

Er würde einfach schweigen und mich im Ungewissen lassen. Es würde genau das passieren, wovor sich so viele Opfer fürchteten.

Aber auch wenn ein ordentlicher Showdown mir schon gefallen hätte, ich empfand es als nicht so schlimm und ich wäre froh gewesen, wenn er sich tatsächlich nicht mehr gemeldet hätte.

Ich hatte Sebastian mal wieder gründlich unterschätzt, er war weit hartnäckiger, als ich dachte.

Er meldete sich am Vormittag, als ich gerade in einem Meeting war. Mehrere Anrufe in Abwesenheit, zahlreiche Nachrichten, ich möge ihm nicht böse sein, sein WLAN sei aufgrund eines Gewitters zusammengebrochen. Ja, ja, das böse, böse WLAN war mal wieder an allem Schuld.

Ich zeigte mich erleichtert, dass ihm nichts passiert sei, könne aber erst am Nachmittag mit ihm sprechen, da ich sehr beschäftigt sei.

Nachmittags rief er an und ließ nun seinerseits die Bombe hochgehen. Offensichtlich wollte er nun keine Zeit mehr verschwenden.

Er klang sehr bedrückt und müde. Auf die Frage, was los sei, stellte er direkt die Gegenfrage, ob ich bereit sei, ihn zu unterstützen.

Natürlich Sebastian, wie kann ich helfen? Er habe sich bei seinen Freunden sehr viel Geld leihen können, aber es fehlten noch immer 14.000 USD... ob ich ihm das Geld leihen könne.

Mir verschlug es fast den Atem... und ich verneinte direkt.

Ich konnte mich nicht mehr beherrschen und sagte ihm auf den Kopf zu, dass er bitte Wally fragen möge, sie hätte wesentlich mehr Geld als ich. Er gab zu, mit Wally ebenfalls zu texten, aber nur, weil sie ihm leid tat. Er hätte von Anfang an gewusst, dass sie meine Schwester sei.

Ich sagte ihm auf den Kopf zu, dass ich ihn für einen Scammer hielt und er zeigte sich sehr betroffen.

Er sei kein Betrüger, das müsse ich doch wissen, das müsse ich doch spüren.

Dieses Gespräch dauerte tatsächlich drei Stunden und ich beschuldigte ihn immer wieder auf's Neue. Aber er stellte nur einmal mehr seine Flexibilität unter Beweis.

Er flutschte mir immer wieder durch die Finger, gerade in den Momenten, an denen ich ihn endgültig festnageln wollte.

Nein, er habe es sich überlegt, er wolle von mir kein Geld, auf gar keinen Fall.

Wie er nur auf eine derartige Idee gekommen sei?

Es täte ihm leid, dass er gefragt habe und er wolle mich auf gar keinen Fall mit seinem finanziellen Kram belasten.

Ich war beeindruckt, wie schnell er seine Taktik zu ändern in der Lage war, fragte mich aber, welche Schritte er nun einleiten würde, um mich doch noch um mein schwer verdientes Geld zu bringen.

In diesem Gespräch spielte Geld jedoch keine Rolle mehr. Auch nicht in den folgenden Nachrichten.

Stattdessen schwärmte er davon, dass er ja schließlich nächsten Monat nach Deutschland kommen wolle.

Bei mir jedoch machte sich ein mulmiges Gefühl breit.

Einerseits glaubte ich nicht daran, ihn jemals zu Gesicht zu bekommen, andererseits wollte ich mir die Folgen nicht ausmalen, wenn er tatsächlich sein „Versprechen" wahr machen würde.

Dies musste auf jeden Fall verhindert werden und guter Rat war teuer.

Wally riet mir, den Kontakt an dieser Stelle abzubrechen, ich entschied mich jedoch dagegen.

Warum? Ich weiß es nicht genau.

Hatte er mich tatsächlich am Wickel und war ich ebenfalls bereits „süchtig"?

Oder war es die Neugier auf die Strategie, die er nun verfolgen würde? Ich bevorzugte die zweite Variante, um mich selbst zu beruhigen.

Wieder einmal musste ich mir die Realität vor Augen halten und mich zur Ordnung rufen. So konnte es einfach nicht weiter gehen, das war klar. Und nun war es eindeutig an mir, eine Strategie zu finden, ihn mir vom Hals zu halten. Da Kommissar Zufall mir diesmal leider nicht zur Seite stand, muss ich gestehen, dass ich erst einmal darüber schlafen musste, um entscheiden zu können, ob ich überhaupt weiter machen wollte oder nicht. Ich fühlte mich derart müde und ausgelaugt und diese Art von Verbindung würde ich sicherlich nicht mehr lange durchstehen können.

Ja, auch ich war bereits psychisch angeschlagen, das machte mir große Sorgen.

Es kamen noch ein paar Nachrichten, die ich nur kurz und knapp oder gar nicht beantwortete.

Natürlich bat er mich, doch noch das Wunder wahr werden zu lassen und meine Freunde um das fehlende Geld zu bitten.

So? Hatte er nicht gestern noch gesagt, von mir kein Geld annehmen zu wollen?

Aber ich sollte bloß nicht erzählen, dass es für ihn sei...

Du meine Güte, als wenn ich Freunde und Familie für ihn anpumpen würde.

Er fragte sogar, ob ich mein Rentenkonto nicht anzapfen könne, in den USA wäre das möglich.

Ich war sprachlos über so viel Skrupellosigkeit, begann aber zu verstehen, welche (Aus-)Wege ein echtes Opfer wohl einschlagen würde, wenn es erst einmal in der Falle säße.

Die Folgen für die Betroffenen sind kaum zu überblicken und an Dramatik kaum zu überbieten.

Ich malte mir aber schon das Ende aus. Das letzte, was Sebastian von mir erhalten würde, sollte eine Email mit folgendem Inhalt sein:

Sebastian,

kein Wort habe ich gestern geglaubt, so dreist hast du mich angelogen, immer und immer wieder.

Nehmen wir zum Beispiel deine Designerwohnung. Die Fotos dreist geklaut im Internet. Oder die Flüge nach Atlanta und zurück: es gab sie nicht. Und das Schärfste: während ich glauben sollte, du sitzt in irgendeinem Flugzeug, hast du lustig locker mit meiner Schwester gechattet. Zur selben Zeit. Du lügst, wenn du den Mund aufmachst und am meisten tut mir das Mädchen leid, das du deine Tochter nennst. Hoffentlich fällt sie nicht auch mal auf so etwas rein. Ich werde in diesem Moment alle Kanäle für dich blocken. War ne nette Zeit, aber du hast mich unterschätzt und bist zu leichtsinnig geworden. Eins noch, ich hatte gestern angedeutet, dass ich wegen eines anderen Scammers Kontakt zur US Air Force aufgenommen habe. Dort wird mir sämtliche Unterstützung zugesichert. Also: solltest du *meine Familie oder mich noch ein einziges Mal belästigen, wird es ungemütlich für dich.*

Diese E-Mail habe ich am Donnerstag, den 10.10.2019 um genau 18.00 Uhr abgeschickt.

Meine bescheidene Rache für vier Wochen, die wirklich anstrengend gewesen waren und erheblich an meinen Nerven gezerrt hatten.

In denen ich Sachen schreiben und sagen musste, an denen ich fast erstickt wäre. Dinge, die noch heute eine unglaubliche Übelkeit in mir hervorrufen, wenn ich nur daran denke.

Gleichzeitig mit dem Absenden der E-Mail habe ich ihn auf allen Kanälen geblockt, damit ich keine Nachrichten mehr empfangen muss. Ich kenne mich gut, ich hätte mich wahrscheinlich doch wieder auf eine Diskussion eingelassen. So ist es besser...

Der Spuk ist nun vorbei. Ich weiß noch nicht, was ich mache, aber ich brauche Erholung. Ein Kurzurlaub oder ein Wellness-Wochenende wären nicht schlecht.

Gott sei Dank kann ich mir so etwas noch leisten.

**Nachtrag:**

Leider hatte ich vergessen, eine der Email Adressen zu blocken. Sebastian schickte mir die Kopie seines Passes an diese Adresse, um zu dokumentieren, wie grundanständig er sei. Was glaubt ihr wohl?

Original oder Fälschung?

Ihr liegt wahrscheinlich richtig, es war tatsächlich eine Fälschung.

Mittlerweile habe ich herausbekommen, dass Sebastian ein Schwarzafrikaner aus Nigeria ist. Offensichtlich gehört er zu dieser Nigeria Connection, einer kriminellen Organisation, die auf vielerlei Arten die Menschen um ihr Geld zu betrügen versucht.

Ich weiß nicht genau, was der Grund war, vielleicht war ich zu neugierig und zu unbequem oder ich bin der Wahrheit einfach zu nahe gekommen, aber urplötzlich haben sie ihre Taktik verändert und mir geschrieben, dass ich sowieso nicht verstehen würde.

Was ich davon hielte, dass Sebastian ein schwarzer Mann aus Afrika sei.

Ich glaubte, jetzt tatsächlich die Wahrheit zu erfahren, forderte aber den Namen des Mannes, dessen Fotos sie mir geschickt hatten. Und ich wollte wissen, wem der gestohlene Pass gehörte.

Stattdessen präsentierten sie mir einen etwa 25 Jahre alten farbigen Mann. Dieser schrieb mir, alles sei gelogen gewesen, mit Ausnahme der Tatsache, dass er sich unsterblich in mich verliebt habe.

Er würde auch nie wieder Geld von mir fordern, wenn ich nur weiter bei ihm bliebe. Schließlich hätte ich mich sicherlich nicht in den Mann auf den Fotos verliebt, sondern in denjenigen, mit dem ich telefoniert und gechattet hätte.

Netter Versuch...

Aber über soviel Dreistigkeit musste ich wirklich lachen. Sie scheinen tatsächlich zu glauben, dass weiße Frauen tierisch auf junge schwarze Männer stehen... unglaublich.

Ich habe nun den Kontakt komplett eingestellt, alle Kommunikationswege geblockt.

Stattdessen ich habe ich mich noch einmal eine Nacht Anden Rechner gesetzt und durch stundenlange, intensive Recherche den echten „Sebastian" gefunden.

Er heißt Mark und lebt mit seiner Familie in England. Als ich Kontakt zu ihm aufnahm, war er erst misstrauisch, aber mittlerweile unterstützt er mich, wo er kann. So gab er mir zum Beispiel die Erlaubnis, sein Foto zu verwenden.

Das ist Mark, der echte Sebastian

Das kleine Mädchen, ist tatsächlich seine Tochter und Mark ist sehr zornig, dass nicht nur seine, sondern auch ihre Fotos missbraucht wurden.

Den echten Inhaber des Passes konnte ich leider nicht ausfindig machen.

Aber die zweite Telefonnummer, die ich nie angerufen wollte, habe ich überprüft. Es ist die Nummer einer Sex Hotline...

Es war absolut richtig, so weit zu gehen, auch wenn ich nie genau wusste, wohin der Weg mich führen würde.

Hätte ich eher aufgegeben, wäre immer eine noch unausgesprochene Frage übrig geblieben. Nämlich die, was hätte sein können.

So weiß ich aber nun mit absoluter Sicherheit, dass alles, aber auch alles gelogen war.

Willkommen im richtigen Leben.

## Schlusswort

Ist es jetzt wirklich vorbei? Ich hoffe doch...

Es liegen vier Wochen hinter mir, die an emotionalen Hochs und Tiefs kaum zu überbieten sind.

Was hat das mit mir gemacht?

Es ist auf jeden Fall nicht spurlos an mir vorbei gegangen und wird immer ein Teil meines Lebens bleiben.

Und auch wenn ich früher dachte, so etwas könne mir selbst niemals passieren, kann ich heute nachvollziehen, ja sogar verstehen, warum so viele Frauen auf diese Romance Scammer hereinfallen.

Die Falle ist perfekt aufgestellt und individuell bespielbar. Jede*r hat seine Schwachpunkte oder kleinen Geheimnisse.

Gelangen diese ans Tageslicht, ist es für einen geübten Scammer sehr einfach sein Lügennetz um das Opfer herum zu spinnen.

Wenn man jedoch ein paar wenige Vorsichtsmaßnahmen beachtet, besteht die realistische Chance, diesem Gefühlschaos zu entkommen.

Wenn du jemandem im Netz kennenlernst, ist das ja grundsätzlich erstmal nicht schlimm. Es sind nicht alle Betrüger, aber sehr viele.

Daher ist es unglaublich wichtig, deine Ohren auf Empfang zu stellen, deinen Verstand einzuschalten und vor allem, zwischen den Zeilen zu lesen.

Du musst nicht alles auf die Goldwaage legen, aber du solltest sehr wachsam sein.

Gewisse Dinge bedürfen darüber hinaus einer Echtheitsprüfung.

Da sind zum Beispiel die Fotos.

Im Netz existieren kostenlose Fotoscanner, mit deren Hilfe Fotos auf ihre Echtheit überprüft werden können. Du findest innerhalb kürzester Zeit Informationen darüber, ob dieses oder ein ähnliches Foto bereits irgendwo im Netz gepostet wurde. So habe ich zum Beispiel Mark gefunden. Mark, den ich als Sebastian kennengelernt hatte.

Genauso verhält es sich mit Nachrichten oder E-Mails.

Gibst du den Text in eine der großen Suchmaschinen ein, erhältst du schon sehr sichere Anhaltspunkte, ob das Schriftstück ein Unikat oder eine Kopie, beziehungsweise schon einmal irgendwo aufgetaucht ist. Es gibt genügend Seiten, auf denen Frauen, so genannte Scam Baiter, die Texte von Scammern eingestellt haben, welche von den großen Suchmaschinen auf Anhieb erkannt werden.

Auch angebliche Flüge oder Zugverbindungen kannst du auf den entsprechenden Seiten recherchieren.

Ein absolutes Alarmsignal sollte für dich sein, wenn du rein gar nichts über diesen Mann im Netz findest.

Kein Eintrag in Social Medias, keine Presseberichte, keine Firmen-Homepage.

In der heutigen Zeit hinterlässt jeder, aber auch wirklich jeder im Netz seine Fußabdrücke.

Wenn du nicht fündig wirst und auch nur den leisesten Verdacht hast, mit einem Phantom zu tun zu haben, hast du wahrscheinlich Recht. Dieser Mann, mit dem du chattest und in den du dich möglicherweise schon etwas verliebt hast, existiert nicht!

Du bist auch nicht in ihn verliebt, denn du kennst ihn überhaupt nicht. Du liebst nur in das Bild, das du dir von ihm gemacht hast... deine eigene Illusion.

Im Grunde weißt du nichts über ihn, noch nicht einmal seinen echten Namen.

Das Letzte, was ich dir mit auf den Weg geben möchte, ist, dass der gesamte Kontakt zu einem Scammer in rasanter Geschwindigkeit verläuft. Ein sicheres Zeichen, mit einem Betrüger zu tun zu haben.

Für ihn ist es ein Job bei dem er keine Zeit verschwenden wird und schnell zur Sache kommt.

Er wird viel zu schnell von Liebe sprechen, ebenso rasch wird er aus deinem Leben wieder verschwinden, wenn du ihm das gegeben hast, was er von dir verlangt hat: dein Geld.

Glaube mir, er wird dich eiskalt und ohne Skrupel zurücklassen, ohne ein Wort.

Was letztendlich mit ihm und deinem Geld geschieht wirst du nie erfahren.

Nach einem, zugegebenermaßen sehr intensiven Kontakt mit einem Roman Scammer brechen viele Frauen psychisch komplett zusammen.

Trotzdem suchen sie nach Gründen, warum der Kontakt nicht mehr besteht.

Die Tatsache, betrogen worden zu sein, ignorieren sie völlig.

Wie verzweifelt diese Frauen tatsächlich sind, kann ich zwar nicht ermessen, aber ich habe eine ungefähre Ahnung davon: auch ich war schließlich bereit, von den verbotenen Früchten zu naschen.

Bei mir war es anfangs Neugier und Abenteuerlust, später der unbedingte Wille, die ganze Wahrheit zu erfahren. Bei anderen ist es möglicherweise die Einsamkeit, die den Weg in die virtuellen Arme eines Betrügers ebnet.

Es kann wirklich jede treffen, es müssen nur die richtigen Knöpfe gedrückt werden und darin sind die Jungs Profis.

Die letzten vier Wochen waren wirklich unglaublich anstrengend. Ich habe kaum geschlafen und meinen kompletten Rhythmus auf Sebastian eingestellt.

Meine Gedanken waren ständig bei ihm und bei der Frage, wie ich ihn überführen kann.

Das hat mich psychisch ziemlich ausgelaugt.

Aber wenn ich nur eine einzige Frau mit meiner Geschichte berühren oder wach rütteln kann, so war es den Stress auf jeden Fall wert.

Wenn ihr Fragen habt, Anregungen oder einfach nur eure Geschichte erzählen wollt, nehmt Kontakt zu mir auf.

Vielleicht treffen wir uns auch mal irgendwann irgendwo.

Ich warte jeden Abend auf euch **on the dark side of the moon.**

Zeitfracht Medien GmbH
Ferdinand-Jühlke-Straße 7
99095 Erfurt, Deutschland
produktsicherheit@kolibri360.de